사회주의자로
산다는
것

소중한 것을
지키는
삶에 대하여

사회주의자로 산다는 것

임승수 지음

수오서재

진실이란 녀석은 자신을 목격한 이에게 어김없이,

그리고 단호하게 질문을 던진다.

너는 무엇을 위해 살고 있는가,

가치 있는 삶이란 무엇인가.

그 질문의 답을 찾는 과정에서

나는 사회주의자가 되었다.

차례

2장 당신은 자본주의자인가요

3장 어느 평범한 사회주의자의 나날

4장 세상이 진일보하냐고 내게 묻는다면

들어가는 글

사회주의자로 산다는 것에 관해 글을 쓰려고 찬찬히 삶을 돌아보니 인생이란 딱 한 번 떠나는 긴 여행 같다는 생각이 든다. 이 여행이 좀 야멸찬 구석이 있어서 결국에는 누구도 예외 없이 죽음이라는 종착지로 향하기는 하지만, 내가 한때 이 세상에 존재했었다는 사실을 증명할 유일한 기회이다 보니 한 걸음 한 걸음 신중하게 내딛는다.

여행이란 게 종착지는 같더라도 경로가 다르면 눈에 들어오는 풍경, 만나는 사람, 맞닥뜨리는 사건이 달라진다. 서울에서 부산으로 도보 여행을 가더라도 서해안을 끼고 돌아서 가느냐, 내륙을 가로질러 가느냐에 따라 판이하지 않겠는가. 어쨌든 기왕 떠난 여행이라면 감동적인 풍경을 접하고, 근사한 경험을 하고, 멋진 사람을 만나고 싶다.

하지만 감동적이라거나 근사하고 멋지다고 느끼는 감정은 꽤 주관적이다. 마천루로 가득 찬 대도시 풍경을 보며 어떤 이는 경이로운 현대 문명에 경탄하지만, 누군가는 회색빛 고독감에 휩싸여 서늘함을 느끼기도 하지 않나. 그러니 여행 경로 선택에 있어서 가장 크게 영향을 끼치는 요소는 당사자의 주관적인 취향과 선호도일 것이다. 인생이라는 여행 또한 마찬가지여서 경로가 달라지면 눈에 들어오는 풍경이 변하기 마련이다. 학자의 경로를 선택했다면 주로 도서관의 책들과 만날 것이고, 산악인이라면 대자연의 압도적인 풍광을 망막에 새겨질 정도로 접하겠지.

인생의 경로는 그가 가진 가치관에 따라 달라진다. 단 한 번뿐인 삶이니 가능한 한 자신이 소중하고 가치 있다고 여기는 바를 추구할 것이다. 경제적 부를 추구하는 삶, 명예와 권력을 쟁취하는 삶, 사회 정의 실현을 위해 진력하는 삶, 어려운 사람들을 위해 봉사하는 삶에는 각각 나름의 가치관이 깔려 있다.

나는 사회주의자가 된 이후 인생이라는 여행의 경로가 대폭 변경되었다. 가치관이 바뀌다 보니 갈림길에서 예전과는 다른 방향으로 나아가기 때문이다. 글치였던 공대생 출신이 멀쩡하게 다니던 직장을 그만두고서는 느닷없이 마르크스주의 책을 쓰는 작가가 되고, 선거 날 투표할 때면 지지율이 1%도 안 되는 후보에게 거침없이 한 표를 행사하고, 뜬금없이 와인에 홀딱 빠져서는 대한민국 검사뿐만 아니라 노동 조합 간부들을 대상으로 와인 강의를 하기도 한다. 그러다 보니 내 인생 경로는 명승지 투어같이 잘 차려진 패키지 여행과는 결이 달라서, 오지 탐험에서나 맞닥뜨릴 돌발 장면들이 순간순간 펼쳐진다.

이 책에는 내가 사회주의자라는 여행 경로를 선택하게 된 이유, 그리고 이 경로를 선택했을 때만 접할 수 있는 풍경, 경험할 수 있는 사건, 만날 수 있는 사람들의 이야기가 담겨 있다. 불행인지 다행인지 여전히 이 여행이 제법 맘에 들어서 설사 구부러질지언정 부러지지 않고 사회주의자로 살고 있다. 모두가 이 이야기에 공감하리라 기대한다면 과욕이겠으나 누군가에게는 오지 탐험 여행서 같은 흥미진진함을 제공하리라 작은 기대를 해본다. 어쩌면 의외로 직접 가보고 싶은 여행이라는 생각을 불러일으킬 수도 있지 않을까.

누군가를 설득하기 위해 쓴 책은 아니다. 그저 이렇게 사는 사람도 있다는 것, 그리고 이런 삶이 생각보다 괜찮다는 걸 보여주고 싶어서 썼다. 그러니 한 권의 여행서를 읽는다는 느낌으로 읽어주기를 바란다. 그래도 저자로서 조금은 욕심을 낸다면, 사회주의에 덧씌워진 과도한 오해를 이 책이 조금이나마 풀어주기만을 바랄 뿐이다.

2023년 5월 11일

임승수

1장

나의 시선이 가닿는 곳

사회주의자로 30년,
나는 왜 여전히 좌파로 사는가

“강사님, 차별과 착취가 없는 평등한 세상은 언제 가능할까요?”

경기도의 한 단체에서 강의 후 받은 질문이었다. 자본주의 사회의 빈부 격차와 착취 구조를 파헤치는 강의를 했는데 대부분 진보 정당 당원이고 사회 변혁에 열망을 가진 사람들이라 분위기도 진지하고 집중도도 높았다.

“음, 솔직히 말해 저도 잘 모르겠어요. 조선 말에 전봉준, 그리고 동학도들도 만민 평등의 대동 세상을 꿈꾸며 열심히 활동했지만 우금치에서 수많은 사람이 죽임을 당했지요. 정의롭고 올바른 뜻을 품었다고 그게 당장 눈앞에 실현되는 건 아니더군요. 그렇다고 착취 없는 평등한 세상이 불가능하다는 얘기는 아니에요. 조선 시대보다 지금이 분명 나아진 것처럼, 미래 사회는 지금보다 더욱 진보하리라 생각합니다. 다만 그게 얼마나 걸릴지는 모르겠습니다. 그러니 너무 조바심을 가지는 것보다는 사회 진보를 위한 실천 과정 자체에서 기쁨과 보람을 느끼는 게 중요할 것 같습니다.”

나중에 주최 측 관계자와 카톡을 주고받았는데 좀 힘 빠지는 얘기 아니냐며 아쉬움을 표했다. 아마도 '10년만 열심히 하면 진보 집권, 해방 세상 가능하다' 비슷한 얘기를 원했던 것 같다. 내가 2000년에 민주노동당을 가입하고 23년이 지난 지금의 상황을 돌아보면 선뜻 그런 대답을 하기는 어려운 게 솔직한 심정이다. 책임질 수 없는 얘기를 하고 싶지는 않으니까.

민주노동당 가입 초기에 직장인이었는데 당시 여가를 최대한 활용해 당 활동에 적극적으로 참여했다. 하루는 집회를 마치고 지하철로 귀가하는데 옆자리에 앉아 있던 당 간부 한 명이 조용히 말을 건넸다.

"승수는 배신 안 할 거지? 끝까지 운동 함께할 거지?"

그는 1950년대생으로 학생 운동, 민주화 운동, 노동 운동, 통일 운동 등 오랜 기간 사회 변혁 운동에 복무했다. 군사 정권 때 전기 고문을 당하고 억울하게 감옥 생활을 했지만 소신을 지키며 꿋꿋하게 지역에서 진보 정치 활동을 한 사람이다. 하지만 주변 동료들이 운동판을 떠나 민주당 같은 보수 정당으로 가는 모습에 상처를 많이 받은 듯했다. 나도 나중에 그들처럼 될까 봐 걱정이 되어 그런 말을 건넸던 것 같다.

세월이 흐르고 2014년, 그가 새정치민주연합(지금의 더불어민주당)에 입당했다는 소식을 들었다. 당시 진보 정당의 분열 사태로 상황이 매우 어려웠는데 개인적인 전망을 고민하다가 당을 옮긴 듯했다. 그 후 국회의원이나 구청장 선거에 나서고는 있지만 민주당 내부 경선에서 매번 고배를 마시는 것 같았다. 기왕 갔으니 거기서라도 잘 풀렸으면 좋겠는데 안타까운 마음이다. 감옥 생활과 전기 고문에도 꺾이지 않는, 신념이 강한 사람이었는데 심지어 나보고 배신하지 말고 끝까지 운동하자고까지 했는데, 어쩌다가 본인이 비판하던 개량주의 정당으로 갔을까? 남의 일 같지 않아 차분하게 생각해보았다.

알다시피 사회 변혁 운동은 대체로 힘들고 고단하다. 차별과 불평등에 맞서 투쟁하는 민주노총과 진보 정당을 대하는 사회의 분위기와 여론을 보라. 운동가 당사자는 독립운동하는 심정으로 개인의 불이익까지 감수하며 활동하지만 보수 언론과 기득권층의 여론몰이로 인해 과격한 사회 불만 세력으로 낙인찍히기 일쑤며 자본과 정권의 탄압은 비정할 정도로 가혹하다. 조선 말 외세와 정권에 의해 탄압받은 동학도들의 처지와 크게 다르지 않다.

아무리 강철 멘탈의 소유자더라도 운동판에 오래 몸담다 보면 육체적으로나 정신적으로 지치게 된다. 기성 주류 정당에 합류해 출세 가도를 달리는 옛 동료나 선후배에게 아직도 그러고 사느냐는 핀잔이라도 듣는 날에는 그들과 자신의 처지가 대비되어 더 힘들다. 그렇게 마음이 한번 흔들리면 운동판을 떠나 주류에 합류하고 싶은 유혹을 느낀다. 그런 식으로 적지 않은 사람들이 떠났다. 그나마 자신이 합류한 보수 정당을 개혁하고 진보적으로 견인한다면 좋겠건만 그들은 결국 거대 정당의 논리에 휩쓸려 진보적 신념과 지향마저 잃는 경우가 대부분이다.

그렇다면 나는 왜 아직 마르크스주의 책을 쓰는 사회주의자로 남아 있을까? 대학 전공을 살려 연구원으로 직장 생활을 이어나갔다면 경제적으로 훨씬 안정적인 삶을 영위했을 텐데. 기득권 보수 양당 중 한 곳을 선택해 적당히 편들고 극렬 지지자들의 비위를 맞추면 책도 더 잘 팔리고 운 좋게 한자리 차지할 기회도 얻을 테고 말이다.

그런데 막상 연구원을 하면서 높은 연봉을 받는다거나 국회의원이나 정부 요직에 앉아 위세를 부리는 장면을 떠올려도 그다지 가슴이 뛰거나 설레지 않는다. 내가 추구하는 가치나 삶의 목표와 결이 다르기 때문이다. 내가 진정으로 하고 싶은 일은 진보적인 사상을 좀 더 많은 사람에게 전파하는 것이다. 그래서 좌파 작가로서 책을 쓰고 강의를 한다. 사회 과학 도서이다 보니 재테크 도서나 자기계발서처럼 많이 팔리지는 않지만 유익했다는 독자의 리뷰를 발견한 날에는 그렇게 기분이 좋을 수 없다.

사회주의자로서 첫 책을 출간한 2006년과 지금을 비교하면 상황이 놀라울 정도로 좋아졌다. 노동 조합이나 사회 단체만이 아니라 고등학교, 도서관 같은 곳에도 초청되어 강의를 할 정도다. 예전 같았으면 어떻게 감히 그런 '평범한' 곳에서 《자본론》 강의를 할 수 있었겠나. 진보적 사상을 접하는 사람들이 점점 늘어나니 하루하루가 즐겁고 보람차다.

깨달음과 통찰을 얻었다는 독자의 리뷰, 강의를 들은 사람들의 만족한 눈빛, 이 모든 것이 나에게는 더할 나위 없는 최고의 보상이다. 그러다 보니 굳이 내 형편을 타인과 비교할 필요도 없고 인생 손해 본다는 느낌도, 억울하다는 느낌도 없다. 언제나 보상받고 있으니까. 다만 그 보상이 돈과 권력이라는 형식을 띠고 있지 않을 뿐. 꼭 국회의원이 되고 장관이 되고 대통령이 되어 권력을 틀어쥐고 남의 위에 군림해야만 삶이 의미가 있을까? 각자 나름의 사정이 있겠지만 대체로 운동판에 있다가 저쪽으로 건너간 사람들을 보면 중요한 자리나 폼 나는 역할을 맡고 싶은 욕망에 사로잡힌다. 심지어 전기 고문과 억울한 징역살이까지 견뎌낸 강철 운동가조차 그렇게 넘어가기도 한다. 일상의 실천 활동에서 기쁨과 보람을 얻지 못하니 자꾸 남과 비교하며 욕구 불만과 상대적 박탈감에 빠진 것이다.

나의 입장은 예나 지금이나 변함없다. 새로운 세상이 언제 올지 너무 조바심을 가지는 것보다 실천 과정 자체에서 기쁨과 보람을 느낀다. 동학도들을 떠올려보자. 그들에게는 신분제를 뒤엎고 대동 세상을 만들겠다는 종국의 목표도 중요했겠지만 당장 동학도들 사이에 맺어지는 평등한 관계, 그러니까 양반과 상놈, 남자와 여자, 어른과 어린이가 서로 동등한 호칭으로 부르며 맞절을 하는 일상에서 얻는 기쁨과 보람이 큰 보상이지 않았을까? 그 힘으로 우금치에서 죽음을 불사하고 맞서 싸울 수 있었으며, 현재 우리는 그들의 정신을 기리고 계승하고 있는 것이다.

내가 뿌린 씨앗의 열매를 꼭 내가 거둘 필요는 없다. 후대가 그 열매를 거둘 수 있다면 그것만으로도 씨를 뿌릴 이유가 충분하다. 우리는 물 주고 거름 주며 열매 맺을 나무가 쑥쑥 자라나는 과정, 그 자체를 즐기자. 언젠가는 분명하게 다가올 그날을 대비하며.

"아빠, 빨갱이가 뭐야?"

“이건 뭐야?”, “저건 뭐야?”를 입에 달고 사는 호기심 덩어리 둘째가, 하루는 자본주의가 뭐고 사회주의가 뭐냐며 묻는다. 똥꼬발랄 꼬마에게서 기대할 수 있는 범위를 훌쩍 벗어난 주제라 일순간 당황했지만 이 돌발 질문의 시발점이 된 물건이 무엇인지는 짐작할 수 있었다. 우리 집 거실에는 성인 키 높이의 전면 책장이 있는데 나와 아내가 쓴 책이 가지런히 놓여 있다. 그중에 유독 빨간색 표지로 도드라진 《자본주의 할래? 사회주의 할래?》가 있다. 아마도 그 책의 제목을 보고 저자인 아빠에게 대뜸 물어본 것일 테다.

그동안 마르크스주의 대중서를 쓰며 어려운 개념을 쉽게 설명하는 나름의 비법을 갈고닦았다지만 아무리 그렇더라도 초등학교 3학년에게 자본주의와 사회주의가 무엇인지 설명하는 일은 선뜻 엄두가 나지 않았다. 지금은 설명해도 이해하기 어려울 테니 네가 좀 더 커서 중학교에 가면 설명해주겠다고 스리슬쩍 넘어갔다. 하지만 얼마 지나지 않아 당시 초등학교 6학년이었던 첫째의 갑작스러운 질문에 대답을 더 이상 미룰 수 없게 되었다.

“아빠, 빨갱이가 뭐야?”

"너 그런 단어는 어디서 들은 거니?"

"사회 시간에. 선생님이 5·18 얘기하면서 말했는데 무슨 뜻인지 몰랐거든."

아마도 5·18 광주 민주화운동을 설명하면서 당시 군사 독재 정권이 광주 시민과 민주화 운동 세력을 빨갱이로 몰아 탄압했다고 얘기한 것 같았다. 6학년이니만큼 대략적으로라도 설명해줘야겠다고 생각했다. 언니 일에 참견하기 좋아하는 둘째도 쫄래쫄래 다가오더니 눈을 반짝이며 대답을 기다렸다.

"너희가 예전에 아빠 책 제목 보고 자본주의, 사회주의가 뭐냐고 물어봤었지? 우리가 사는 사회가 바로 자본주의거든. 그런데 너네도 알다시피 우리 사회를 보면 빈부 격차가 심하잖아. 재벌처럼 엄청난 부자도 있지만 가난한 사람들도 많으니까. 그러다 보니 이런 빈부 격차가 매우 심각한 문제라고 여기는 사람들이 생겼어. 사회를 좀 더 평등하고 고르게 잘살도록 만들어야 한다고 생각하게 된 거지. 사회주의자는 그런 생각을 가진 사람들이야. 그래서 자본주의 사회에서 힘 있고 돈 많은 사람들은 대체로 사회주의자를 싫어해. 평등 사회가 되면 자신들이 부자가 되기 어려우니까. 사회주의자를 '빨갱이'라고 부르면서 혐오하고 욕하기도 해. 그러니 빨갱이는 안 좋은 말이야."

지금 생각해도 구멍이 숭숭 뚫린 어설프고 허접한 설명이다. 하지만 초등학생에게 더 구체적으로 설명하는 것은 무리라고 생각해 일단 이 정도 수준에서 설명을 끝냈다. 다행히 아이들이 빨갱이가 좋지 않은 말이라는 정도는 이해한 표정이었다. 그런데 둘째가 불쑥 질문을 던진다.

"그러면 아빠는 자본주의자야? 사회주의자야?"

"어? 음, 아빠는 사회주의자야."

"그렇구나. 알았어!"

"음, 그런데 아빠가 사회주의자라는 얘기는 다른 사람한테는 하지 마. 사람들이 편견을 가질 수 있거든. 사실 옛날에는 사회주의자라는 이유만으로 사람을 감옥에 가두기도 했어. 너희는 감옥에 가는 사람은 죄다 나쁜 사람이라고 생각하겠지만 세상이 그렇게 단순하지는 않아. 생각해봐. 옛날에 왕과 귀족이 주인 행세하던 신분제 사회가 있었잖아. 사실 사람을 신분으로 나누는 건 잘못된 일이잖

아. 당시에도 신분제를 없애야 한다고 주장하는 사람들이 있었는데 왕이나 귀족들은 그런 사람을 감옥에 가뒀어. 왜냐면 높은 사람들의 입장에서는 신분제를 없애자는 말이 불편하고 거슬리니까. 그것과 마찬가지야. 자본주의에서 돈 많고 힘 있는 사람들은 평등하게 살자는 사회주의를 대체로 싫어하고 탄압하지. 지금은 많이 나아졌지만 옛날에는 감옥에도 가고 그랬어. 그러니까 아빠가 사회주의자인 게 불편한 사람들도 있어. 무슨 말인지 알겠지?"

"응, 알았어. 나도 그 정도 눈치는 있어."

졸지에 아이에게 사회주의자라고 커밍아웃을 해버렸다. 아무렇지도 않은 얼굴로 눈치가 있다고는 하는데 과연 초3의 눈치를 어디까지 믿어도 될 것인지. 나야 지긋지긋한 빨갱이 취급에 제법 내성이 있다지만 여전히 시대착오적인 국가보안법이 서슬 퍼런 이곳에서 아빠가 사회주의자라는 이유만으로 아이가 이래저래 상처받지는 않을까 항상 조심스러운 마음이다. 너한테는 아직 이른 얘기라고 애써 피할 수도 있겠지만 그래봐야 언젠가는 아이도 알게 될 테니 어영부영 대답을 회피하고 싶지 않았다. 아무리 소신껏 산다지만 안 그래도 가뜩이나 소수파인 마당에 가족에게조차 이해받지 못한다면 얼마나 외롭고 쓸쓸한 일인가. 아이에게라도 일찍부터 이해받고 싶다는 심정에 덜컥 고백해버린 것일지도 모르겠다.

그러고 몇 주 정도 지났을까? 마침 우리 집에서 며칠에 한 번꼴로 돌아오는 화기애애한 시간이었다. 부부가 함께 와인을 마시는 시간 말이다. 저녁 식사를 하며 아내와 와인 한 병을 나눠 먹었다. 함께 밥 먹는 두 딸도 불콰한 부모의 모습을 재밌어하며 주저리주저리 얘기를 늘어놓는다. 그날은 둘째가 학교에서 있었던 일을 풀어놓기 시작했다.

"아빠. 학교에서 어떤 애가 자꾸 빨갱이라고 말해서 내가 하지 말라고 얘기했어."

"그래? 그 애가 왜 갑자기 빨갱이라고 말했어?"

"장난감 의자 쌓기 놀이를 하는데 자꾸 빨간색 의자를 보고 빨갱이라고 하잖아. 빨갱이는 사회주의를 나쁘게 얘기하는 말이잖아. 내가 나쁜 말이라고 하지 말라고 했더니 자꾸 더 하는 거야. 그래서 선생님한테 가서 얘기했어."

"혹시 선생님한테 사회주의 얘기도 했어?"

"어. 자본주의자가 사회주의자를 나쁘게 얘기할 때 쓰는 말 아니냐고 그렇게 얘기했어."

"…그렇구나."

얘기를 듣고선 마음이 복잡해졌다. 아이가 선생님과 대화를 나누는 장면이 머릿속에 그려졌기 때문이다. 선생님! 아무개가 자꾸 안 좋은 말 써요, 뭐라고 하는데, 빨갱이라고 해요, 그렇구나, 혹시 빨갱이가 무슨 뜻인지 아니, 알아요, 사회주의자를 나쁘게 부르는 말이잖아요. 어이쿠야! 아빠는 가슴이 철렁하구나. 눈치 빠른 선생이라면 단박에 부모의 사상이 매우 급진적임을 눈치챌 텐데. 사회주의를 여전히 부정적으로 낙인찍고, 색안경 끼고 보는 사회 분위기에서 자칫 아이마저 불이익과 편견의 대상이 되면 어쩌나 싶어 신경이 쓰였다.

아이의 눈치라는 건 그다지 믿을 만한 게 못 된다는 생각에 사로잡혀 노파심에 이것저것 더 물어보았다.

"혹시 그 애가 파란색이나 노란색도 파랭이나 노랭이라고 하든?"

"아니. 빨간색 의자만 빨갱이라고 했어."

"혹시 빨갱이라는 말 듣고 기분이 안 좋았던 것이, 아빠가 사회주의자라서 그런 거니?"

"그런 건 아니야. 아빠랑은 상관없어. 나는 사회주의가 옳다고 생각하는데 빨갱이라는 단어가 사회주의를 욕하는 거니까 기분이 안 좋았어."

"만약 아빠가 자본주의가 더 좋다고 했다면?"

"그래도 나는 사회주의가 더 낫다고 생각했을 거야. 함께 잘사는 게, 평등한 게 좋은 거잖아."

그러게 말이다. 혼자만 잘살겠다는 것도 아니고 함께 잘 먹고 잘사는 공동체를 만들자는 건데 왜 빨갱이 소리 들어가며 차별, 배제, 냉소, 혐오, 비웃음을 감내해야 하는지 모르겠구나. 아빠는 여전히 이 길이 옳다고 생각한다만 어린 내 자식이 똘망똘망한 눈으로 망설임 없이 사회주의가 좋다고 하니 솔직히 말해 조금 당황스럽고 미안한 마음도 든다. 일단은 네가 좋아하는 응급실국물떡볶이를 시킬 테니 머리 아픈 얘기는 저만치 제쳐놓고 빨간 떡볶이는 왜 이렇게 맛있는지에 대해서 구체적으로 논해보자꾸나. 글 좀 쓴다는 한 독일인이 '모든 이론은 회색이고, 오직 영원한 것은 저 푸르른 생명의 나무'라고 했다는데, 우리에게는 응급실국물떡볶이야말로 푸르른 생명의 나무 아니겠니. 이래저래 회색 빛깔 아빠의 고민은 깊어만 가네.

뿔은 달리지 않았습니다
: 사회주의에 대한 오해들

음주 가무를 즐기는 한량 기질이 다분하다 보니 이런 저런 취미에 손대며 사는 편이다. 우연한 기회에 마신 와인에 홀딱 빠져 아내와 매주 한두 병씩 집에서 즐기고 있다. 어릴 때 접한 피아노의 매력을 잊지 않고 지금도 하루 1시간씩 좋아하는 곡을 연습한다. 전업 작가의 살림살이는 팍팍하지만 문화적으로만 보자면 나름 풍요롭다.

취미 생활에 제법 진심이다 보니 와인, 피아노에 대한 글도 모 매체에 연재했는데 마르크스, 사회주의 운운하는 사람이 무슨 와인에 피아노냐는 핀잔 댓글이 종종 달렸다. 그런데 그거 아시는지, 변호사였던 카를 마르크스의 아버지가 포도밭 두 곳을 소유했고 마르크스 자신도 와인을 좋아했다는 사실. 그의 동지이자 부잣집 자제인 프리드리히 엥겔스는 마르크스가 집필에 집중할 수 있도록 재정적 지원과 더불어 와인 지원 또한 아끼지 않았으며, 자신이 엄청난 와인 애호가이기도 했다.

물론 이러한 팩트를 얘기해도 댓글 남긴 이들을 설득할 수는 없을 것이다. 그들은 내가 사회주의자이면서도 와인과 피아노 같은 '부르주아' 문화를 탐닉한다고 비아냥대는 것일 테니. 한마디로 강남좌파라는 것 아닌가. 서울 금천구 독산동 사니까 굳이 따지자면 강의 남쪽은 맞는다만 인근 경기도보다 집값이 싼 동네에 살면서 강남좌파라는 소리를 들으면 솔직히 어안이 벙벙하다.

마트에서 가장 매출이 큰 주종이 와인이고, 업라이트 피아노를 보유한 가정집이 이렇게 많은데도 사회주의자가 와인을 즐기고 피아노를 연주하면 뭔가 어울리지 않는 짓을 한다고 여기는 것 같다. 오히려 사회주의자야말로 좀 더 많은 사람이 와인과 피아노를 즐기는 세상을 추구하는데 말이다. 대중이 높은 수준의 문화생활을 향유하기 위해서는 소수에게 과도한 부가 집중되지 않도록 분배가 공평하게 이루어지고 노동 시간을 단축해 여가를 늘려야 한다. 알다시피 이것은 대체로 자본주의자들보다는 사회주의자가 추구하는 사회상이다. 엄청난 빈부 격차, 비정규직 차별, 만성적 실업, 장시간 노동이 공기처럼 자연스러운 무한 착취의 자본주의 사회에서 대중이 여유롭게 문화생활을 즐기기란 난망한 일 아닌가. 그러함에도 불구하고 사회주의자를 무슨 문화적 퇴행과 삶의 질 저하를 획책하는 부류로 여기는 시선에 당혹스럽지 않을 수 없다.

이런 선입견이 워낙 굳어져 있다 보니 사회주의자를

뿔난 도깨비처럼 여기는 사람이 적지 않은 것 같다. 그래! 기왕 얘기가 나온 김에 사회주의에 대한 오해들을 하나씩 파훼해보자.

▮ 경제 발전은 도외시하고 분배만 중요하게 생각한다?

어처구니없는 오해다. 사회주의자만큼 생산력의 발전을 중요하게 생각하는 이들이 또 있을까? 사회주의 역사관의 근간인 역사 유물론은 역사 발전의 주요 원동력으로 '생산력의 발전'을 꼽을 정도다.

예컨대 이런 식이다. 봉건 사회는 농업이 경제 활동의 핵심적 지위를 차지했으며 농업 생산력의 근간인 토지를 틀어쥔 귀족 세력이 주도했다. 하지만 상공업의 폭발적 발전을 주도하며 토지 귀족들의 경제력을 압도하게 된 자본가 세력이 등장해 봉건 시스템을 해체하고 사회를 자신들(상공업자)의 이익에 맞게 개조했는데, 그 과정에서 지금의 자본주의가 탄생했다. 요컨대 상공업(새로운 생산력)의 발전이 봉건주의 사회가 자본주의 사회로 변화하는 원동력이 되었다는 분석이다.

현대 사회에서도 과거에는 찾아볼 수 없었던 새로운 생산력이 등장하고 있다. 반도체, 인터넷 등 전자 기술의 발전으로 로봇과 인공 지능이 등장해 인간이 수행하는 육체적, 정신적 노동의 상당 부분을 대체해나가고 있으며 이러한 추세는 계속될 것으로 예측된다. 그런데 이 새로운 생산력의 발전이 기존의 자본주의 시스템과 모순 및 충돌을 일으키고 있다.

자본주의 사회에서 개별 기업은 비용을 줄이고 이윤을 극대화하기 위해 로봇과 인공 지능을 앞다퉈 도입하고 있는데, 이것이 실업자 양산으로 이어지고 그로 인해 사회 불안이 야기된다. 임금을 받는 사람이 급감하면 사회적으로 구매력이 감소하여 기업의 제품이 판로를 잃어 경기 침체의 늪에 빠진다. 이윤의 극대화가 지상 목표인 자본주의 시스템이 생산력 발전을 감당하지 못하는 상황에 봉착한 것이다. 새로운 기술(생산력의 발전)이 사회의 지속가능한 발전과 어우러지기 위해서는 자본주의가 아닌 다른 시스템이 요구되고 있다.

인류가 로봇과 인공 지능에 의한 폭발적인 생산력 발전을 품어 안고 그 편익을 제대로 누리기 위해서는 노동시간 단축을 통한 일자리 나누기, 공공 부문 확대를 통한 새로운 일자리 창출, 과감한 복지 정책과 재분배 정책 등 일련의 사회주의적 정책과 제도의 도입이 시급하다. 역사 발전 과정에서 자본주의는 언제부터인가 경제 발전의 걸림돌이 되고 있으며, 그 수명이 다해가고 있다.

▮ 일의 성과에 상관없이 모두 똑같은 임금을 받는다?

사회주의라고 해서 임금이 획일적인 건 아니다. 사회적 합의를 통해 노동자의 업무량, 성과, 경력, 직종에 따라 임금에 차등을 둔다. 사회주의 국가에서는 이윤 목적의 사기업보다는 공익 추구의 공기업 비중이 높다. 사회주의 공기업의 임금은 국가 경제 계획과 해당 기업의 현실적 조건 및 이해 당사자의 의견을 종합하여 정해진다. 사회주의 국가인 쿠바에서 의사의 임금이 높고, 북한에서 탄광 노동자의 임금이 높은 것은 의사의 전문성과 탄광 노동의 힘겨움을 고려해 임금을 책정했기 때문이다.

물론 그렇다고 임금 격차가 자본주의 사회처럼 크게 벌어지지는 않는다. 임금의 결정 과정 자체가 사회적 합의를 통해 이루어지니 상식선에서 납득할 수 있는 수준을 벗어나지 않는다. 심지어 자본주의 국가인 대한민국에서도 상대적으로 공적인 영역이라 할 수 있는 공무원 연봉을 살펴보면 대통령 연봉이 2억4천만 원 가량으로 민간 기업 최고경영자보다 훨씬 적다.

게다가 사회주의에서는 생활에 필수적인 재화나 서비스를 보편적 복지로 국민에게 제공한다는 점도 감안할 필요가 있다. 예를 들어 무상 의료, 무상 교육, 공공 임대 주택, 식재료 배급제 등의 정책을 떠올려보자. 자본주의라면 의료비, 교육비, 주거비, 식료품비를 자신이 번 돈으로 해결해야 하지만 사회주의에서는 공동체 구성원이라면 누구나 누릴 수 있는 권리로써 저렴하게 혹은 무상으로 제공된다. 직장에서 받는 임금은 기본 복지로 제공되는 재화나 서비스 외에 추가로 필요한 것들을 구매하는 데에만 쓰인다. 사회주의 국가의 임금과 자본주의 국가의 임금을 일대일로 비교할 수 없는 이유이기도 하다.

❙ 자본주의는 자유롭고, 사회주의는 독재라고?

자본주의가 자유롭다는 환상은 도대체 어디에서 생겨나는 것일까? 자본주의 사회에서는 자신이 보유한 화폐의 크기만큼 자유를 행사할 수 있을 뿐이다. 회사에서 상급자에게 오만 가지 싫은 소리를 듣고 과도한 업무에 시달리고 정신적으로 피폐해져도 당장 다음 달 월급이 절실하게 필요한데 어떻게 자유롭게 회사를 그만둘 수 있겠는가. 자유를 얻기 위해 일확천금을 꿈꾸며 주식과 코인에 올인하지만 본전도 못 건지고 오히려 자유(화폐)를 더욱 강탈당하는 지경으로 몰리기도 한다.

극소수 부자들이 전용 제트기를 몰고 섬 하나를 통째로 빌리고 우주로 로켓을 쏘아 올리며 무제한의 자유를 누릴 때 다수의 노동자는 좁아터진 집구석에서 대충 배를 채우고 쪽잠을 자며 회사가 일방적으로 지시하는 일정에 따라 자유를 제약당하며 산다. 노동자의 자유가 제약되면 제약될수록 극소수 자본가의 자유도가 끝없이 올라가는 것이 자본주의의 불편한 진실이다.

사회주의에서는 돈이 많다는 이유로 자기 멋대로 할 수 있는 자유는 존재하지 않는다. 일단 특정인에게 엄청난 부가 축적되는 시스템도 아닌 데다가 기업이나 공장 같은 생산 수단이 개인 소유가 아닌 공공재다. 자본주의 사회에서는 기업이나 공장이 개인의 소유물이기 때문에 소유권자가 제왕적 권력을 행사한다. 하지만 사회주의 기업은 공공재인 만큼 민주적 의사결정을 통해 운영되며 기업의 대표자는 투표를 통해 선출한다.

보편적 복지 시스템을 통해 기본 생필품을 제공하여 생존에 대한 고민을 덜고, 노동 시간 단축으로 여가를 즐길 수 있는 '자유' 시간이 늘어나 취미 생활도 즐기고 가족과도 더 많은 시간을 보낼 수 있다. 물론 공동체의 일원으로서 책임감을 가지고 일터에서 자신이 맡은 일을 성실하게 수행해야 한다. 그런 측면에서는 자본주의 부자들과 비교한다면 누릴 수 있는 자유에 제약이 있는 건 사실이다. 하지만 앞서 언급했듯이 그 극소수 부자들이 누리는 자유는, 수많은 노동자의 자유가 제약당하는 조건에서만 성립한다는 점을 잊지 말아야 한다.

자본주의가 대세인 세상에서 사회주의자로 살려면 오해와 편견의 대상이 되는 일을 피하기 어렵다는 것쯤은 이미 알고 있다. 지금은 그 고귀한 정신을 기리는 동학 운동도 당대에는 외세와 기득권 세력에 의해서 역적으로 몰려 모질게 탄압당하지 않았는가. 다만 사회주의 사회가 도래했을 때 삶이 더욱 행복해질 이들의 입에서조차 날 선 말이 나오면 신분제를 옹호하는 평민의 모습을 접하는 것 같아 솔직히 씁쓸하고 착잡한 마음을 지울 수 없다. 그런 오해와 편견을 조금이나마 풀고 해소하는 게 나의 역할이라 생각하며 이 순간에도 엉클어진 신발 끈을 조이듯 마음을 다잡는다.

우리 앞에 놓여 있는 시간의 강

대학 시절 호기심에 마르크스의《자본론》을 읽고선 큰 충격을 받았다. 뉴턴이나 아인슈타인이 복잡한 자연 현상을 간결한 수식으로 표현한 것처럼 마르크스는 빈부 격차를 유발하는 자본주의 사회의 은폐된 착취 시스템을 간결한 수식으로 증명했다. 과연 사회 과학의 아버지라 불릴 만한 통찰이었다. 이 놀라운 사상 이론을 사람들과 공유하고 싶다는 강렬한 욕망에 사로잡혔다.

결단이 서면 제법 행동이 신속한 편이라 이내 인터넷 공간에《자본론》학습 모임을 만들어 사람들을 모았다. 참가자들에게 책 내용을 체계적으로 잘 설명하면 그들도 자본주의의 모순에 눈을 떠 사회 개혁 운동에 관심을 가지거나 참여할 것으로 기대했다. 나처럼 진보적인 사상을 전파할 목적으로 교육 및 의식 개혁 활동을 하는 이들은 대체로 인문·사회 과학 책을 많이 읽어 축적된 지식이 두텁고 탄탄하기 때문에 논리적으로 타인을 설득할 수 있다는 자신감이 강하다.

모임에 관심을 보이는 사람이 제법 있어서 수차례에 걸쳐 학습 모임을 진행했는데 참가자들의 반응이 예상과는 사뭇 달랐다. 일부는 마르크스주의에 관심을 가지고 진보 정당이나 사회 단체에 가입하기도 했지만, 나머지 사람들은 떨떠름하거나 시큰둥한 반응을 보이고 종종 극도의 거부감을 표하기도 했다. 쉽고 재미있게 설명하면 되겠지 싶었는데 왜 예상과 달리 반응이 냉소적이었을까?

이 질문에 대한 나름의 해답을 발견한 것은 그로부터 10년 가까운 시간이 흐르고 나서였다. 2006년 당시 나는 민주노동당 후보로 지방 선거에 출마했다. 글이나 말에는 제법 자신이 있던 터라 직접 연설문을 작성해 곳곳을 다니며 핸드 마이크를 이용해 즉석에서 연설했다. 보수 양당의 기만적인 행태를 폭로하고 왜 민주노동당이 대안인지를 열심히 설득했는데 심드렁하게 듣던 노숙자가 연설이 끝나자 손뼉을 치고 한 할머니는 울음을 터트리기도 했다.

그러다 보니 뭔가 좋은 결과가 나올 수도 있겠다 싶었다. 그러나 이내 나의 순박한 착각을 단번에 날려버린 경험을 하게 됐다. 아파트 놀이터에서 연설을 하고 있었다. 바로 앞에서 열심히 듣던 할머니 두 분이 연설이 끝나자 조용하게 손뼉을 쳐주어서 뭔가 통했다는 생각에 뿌듯한 기분이었다. 그런데 때마침 약 50미터 정도 떨어진 곳에서 한나라당(현 국민의힘) 로고송을 튼 홍보 차량이 지나갔다. 그러자 두 할머니가 벌떡 일어나더니 음악에 맞춰 어깨와 무릎을 흥겹게 흔드는 것 아닌가. 눈앞의 광경에 충격을 받고 일순간 깨달음을 얻었다.

'아! 내가 정말 어리석었구나. 몇 분짜리 연설로 사람의 생각을 바꿀 수 있다고 생각하다니.'

고작 5분 동안 세 치 혓바닥이나 나불거렸던 주제에 어처구니없게도 나는 두 할머니가 살아온 70년 이상의 그 긴 '시간'을 제대로 보지 못한 것이다.

살아온 시간을 계산해보자. 스무 살이면 약 17만 시간, 서른 살이면 26만 시간이 훌쩍 넘는다. 가령 30대 청년과 마주 앉아서 2시간 정도 마르크스《자본론》을 강의하면서 상대의 생각을 180도로 바꿀 수 있다고 자신한다면 그보다 오만한 것은 없다. 왜냐고? 상대방이 살아온 26만 시간을 깡그리 무시하고 있기 때문이다.

그 시간 동안 형성되어온 뇌세포의 복잡한 연결 구조가 어떻게 한두 시간의 혀 놀림에 휙휙 바뀔 수 있겠는가. 인간이 그렇게 쉽게 바뀔 수 있는 존재라면 그동안 살아온 26만 시간은 도대체 뭐가 되겠는가. 상대방이 불쾌해하는 게 당연하다. 자신이 살아온 시간이 부정당하는데 화가 나지 않을 리 없다. 그간 사회 과학 지식을 촘촘히 쌓아왔다고 자부하면서 정작 사회를 구성하는 '사람'이란 존재에 대해서는 아는 게 없었던 셈이다.

그러면 어떻게 상대방과 소통해야 할까? 그가 살아온 시간을 존중해야 한다. 마음속으로만 존중하는 것이 아니라 표현해야 한다. 마음은 보이지 않기 때문이다. 설사 상대가 내 관점으로는 얼토당토않은 얘기를 하더라도 "그렇게 생각할 수도 있겠네요"라고 긍정한 후, "그런데 관점을 바꿔 이렇게 볼 수도 있지 않을까요?"라고 조심스럽게 의견을 표현하자. 상대의 삶을 부정하면 나 역시 부정당할 뿐이다. 나의 수십만 시간과 상대의 수십만 시간이 상호 존중 속에서 매너와 배려심 있게 만나도록 하자.

나와의 한두 시간 남짓한 만남이 그래도 조금은 기억에 남는 순간이 되도록 노력하는 것, 이것이 내가 할 수 있는 최대치다. 글도 마찬가지다. 내 글이 독자의 가치관을 순식간에 뒤흔들 것이라는 주제넘은 생각은 버린다. 그저 독자가 내 글을 읽는 그 찰나의 시간이 조금은 인상적인 순간이 되도록 노력한다.

뭐가 이렇게 까다롭냐고? 당연히 까다로울 수밖에 없다. 수십만 시간이 켜켜이 쌓인 한 인간을 변화시키는 게 그렇게 쉬운 일이라면 인간이라는 존재가 얼마나 허망한가. 우리는 그렇게 허망한 존재에 희망을 걸고 있는 것은 아니지 않은가.

소싯적 똘이장군을 좋아하던 그 꼬마는,

1970년대 초중반에 태어나면 어릴 적 공산당을 싫어하게 되는 건 시대적 필연이다. 태어나 보니 대통령은 반공을 국시國是라고 부르짖는 박정희요, 영화관에서는 부리부리한 눈에 용모 수려한 똘이장군이 다부진 웃통을 드러내고서는 못생기고 추악한 공산당을 때려잡고, 만화책을 펴면 정의로운 추적 11호가 간첩을 소탕하고, TV에서는 강간과 살인을 저지르는 공산당을 3840 유격대가 후련하게 격퇴한다. 매체에 등장하는 공산당은 과연 현실에 존재하나 싶을 정도로 하나같이 못생기고 추악하고 악랄했다. 세상에 그 어떤 아이가 호감을 가질 수 있을까. 군사 독재 정권에 의한 세뇌는 어린아이에게 꽤나 성공적이어서 악몽을 꿀 때면 적지 않은 빈도로 공산당이 등장하곤 했다.

그랬던 내가 지금은 공산당과 진배없는 사회주의자다. 초등학생 시절의 임승수가 타임머신을 타고 미래로 와 똘이장군, 추적 11호, 3840 유격대의 격퇴 대상이 된 자신의 모습을 본다면 어떤 느낌일까. 요술공주 밍키가 트럭에 치여 사망했을 때보다 더한 충격을 받지 않을까.

이 극적인 변화의 원인은 무엇일까? 철딱서니 없는 시절을 지나 한 해 두 해 나이를 먹으며 자본주의 대한민국의 불평등한 현실이 눈에 들어왔다. 이곳에는 능력의 차이만으로는 도무지 설명할 수 없는 엄청난 빈부 격차가 존재한다. 수많은 노동자가 열악하고 위험한 작업 환경에서 장시간 노동에 내몰려 다치거나 사망할 때 그들의 고혈을 빠는 자본가들은 대대손손 마르지 않을 거대한 부를 축적해 간다.

일하는 자는 가난해지고 일하지 않는 자는 부자가 되는 기가 막힌 현실에 분노한 노동자들이 노동 조합을 결성하고 파업에 나서면 정부는 공권력을 투입해 가혹하게 진압하고 주동자를 이런저런 구실로 감옥에 보낸다. 노력만으로는 가망이 보이지 않으니 부동산, 주식, 코인 등 투기판에 나서서 요행으로 불로 소득을 노리는 분위기가 팽배하다. 상호 부조 정신과 공동체성은 무너져 내리고 배금주의와 극단적 개인주의가 판을 치며, 심지어는 그러한 삶의 태도를 '쿨'하다는 식으로 미화하기에 이른다.

자본주의 체제를 노골적으로 옹호하는 이들은 대체로 약자와 소외된 사람이 겪는 고통에는 무관심하고 부와 권력을 지닌 이들이 누리는 호사스러운 생활을 부러워하기만 한다. 돈의 많고 적음으로 사람의 격을 나누고 부자들에게 살랑거리며 가난한 이들을 무시하기 일쑤다. 내가 어릴 적 똘이장군, 추적 11호, 3840 유격대를 응원했던 이유는 착취당하고 고통받는 사람들의 편에 서서 공산당을 무찔렀기 때문이었다. 그런데 자본주의 대한민국에서는 공산당이 아니라 돈 버러지가 된 자본가와 권력자들이 힘없는 노동자를 못살게 굴고 있었다. 착취당하고 억압당하는 노동자를 위해서 위험을 무릅쓰고 활동하는 이들은 오히려 사회주의를 주장하는 이들이다.

이런 현실을 마주하며 뭔가 근본적으로 잘못됐다는 느낌을 지우기 힘들었다. 이 사회는 왜 이렇게 사회주의자, 공산주의자를 못 잡아먹어서 안달일까? 내가 다녔던 학교나 교회에서도 한 목소리로 가난하고 소외된 사람을 도우라고, 돈보다 사람이 중요하다고 가르치는데 막상 사회주의자, 공산주의자들이 누구보다도 앞장서서 착취당하고 탄압받는 노동자를 도우면 불순 세력이라며 요란 법석이다. 우연인지 필연인지 사회주의자가 정권에 의해 탄압받으면 받을수록 노동자에 대한 자본가의 착취는 노골적으로 강화되었다.

공교육 시스템과 대중 매체를 통해 주입된 이론과 지

식이 눈앞에서 벌어지는 적나라한 현실을 제대로 설명하지 못한다는 자각에 이르자 저들이 터부시하고 금기시하는 불온 서적에 관심이 갔다.

'오히려 거기에 진실에 가까운 무언가가 있지 않을까?'

그런 과정 속에서 마르크스의《자본론》을 읽게 되었다. 천지가 개벽하는 충격이었다. 지금까지 안개에 휩싸여 어렴풋하게 윤곽만 보이던 자본주의 착취 구조가 마치 자연 과학 이론처럼 구체적인 숫자 계산을 통해 낱낱이 드러났다. 수학과 물리를 좋아하는 공대생은 그야말로 전율했다.

'이런 게 이렇게 증명될 수 있구나. 생각해보면 너무나 당연한 건데. 어떻게 이런 사실을 모르고서 살았을까. 교육과 미디어의 영향력이란 참으로 무섭구나. 이 책을 읽지 않았더라면 이런 사실을 영영 몰랐을 텐데.'

정말 소름 끼치는 현실이었다.

감춰진 진실, 그것도 누군가에 의해 의도적으로 은폐된 진실을 접하게 되면 삶은 뿌리째 뒤흔들린다. 1980년 5월 광주에 있었던 일의 실체를 알게 된 수많은 사람들의 삶이 흔들렸던 것처럼. 진실이란 녀석은 자신을 목격한 이에게 어김없이, 그리고 단호하게 질문을 던진다. 너는 무엇을 위해 살고 있는가, 가치 있는 삶이란 무엇인가. 그 질문의 답을 찾는 과정에서 나는 사회주의자가 되었다.

반공 도서를 읽고 열심히 독후감을 쓰던 꼬마는 어느덧 자라서 사회주의 책을 쓰는 작가가 되었다. 겉으로 보기에는 극에서 극으로의 변화라 하겠지만 아이로니컬하게도 본질은 변하지 않았다. 반공 독후감을 쓸 때도, 사회주의 책을 쓸 때도, 모두 착취당하고 고통받는 사람을 도와야 하며 돈보다 사람이 중요하다는 마음에서 비롯됐다. 차이점이라고 한다면 진짜 나쁜 녀석이 누구인지를 알게 됐을 뿐이랄까. 이게 내가 결국 사회주의자가 될 수밖에 없는 이유다.

북녀가 남남에게 들려준 이야기

알다시피 우리나라는 분단국가다. 자본주의 미국과 사회주의 소련으로 대표되는 냉전 체제의 대립, 일본의 식민통치로 인한 친일파와 독립운동 세력의 대립이 한반도라는 공간에서 뒤섞여 갈등이 증폭된 결과인데, 현재 남한은 자본주의 체제이며 북한은 사회주의를 표방하고 있다. 해방 공간에서 북한은 독립운동을 했던 좌파 세력이 정부를 수립하고 소련이 주도하는 사회주의 진영에 가담했으며, 남한은 친일파인 우파 세력이 친미파로 전환해 미국의 지원 속에서 정부를 수립하고 자본주의 진영에 속하게 되었다. 친소/친미, 사회주의/자본주의, 독립운동/친일이라는 대립 구조에서 예상되듯이 남한과 북한은 전쟁까지 벌일 정도로 상대에 대해 극도의 대립각을 세웠다.

처음에는 체제 경쟁에서 북한이 앞서 나갔다. 독립운동 세력이 주축이 된 정권의 정통성도 그렇고 경제에서도 눈부신 성과를 내며 남한을 압도했다. 하지만 냉전에서 미국이 소련을 누르고 승리한 이후, 기존 사회주의 국가들과의 무역 거래가 대폭 축소되고 미국이 군사적 위협과 경제제재 등으로 압박하는 데다가 자연재해까지 겹쳐 북한은 '고난의 행군'이라고 부를 정도로 힘든 시기를 겪었다. 반면 남한은 과거에 가난한 나라였던가 싶을 정도로 놀라운 경제 성장을 이루고 문화적으로도 전 세계에 영향을 끼칠 정도로 도약했다.

이렇게만 보면 사회주의의 패배와 자본주의의 승리는 역사적으로 증명된 것 같다. 하지만 21세기 자본주의 사회에는 역사적으로 유례없는 수준의 빈부 격차와 이윤 지상주의로 인한 무분별한 환경 파괴, 생명 경시 풍조가 만연하다. 이로 인한 사회적 불안과 위기감이 고조되고 사회경제적인 양극화는 정치적 양극화라는 형식으로 변용된다. 한쪽에서는 사회적 약자와 이민자에 대한 노골적인 공격성을 드러내는 극우파가 힘을 키워가는 가운데 반대편에서는 자본주의 체제를 넘어서는 새로운 대안이 필요하다는 좌파적 목소리가 힘을 얻고 있다.

일례로 2018년 8월 미국의 18세~29세 젊은 층을 대상으로 한 갤럽의 조사(2018년 8월 13일 기사)에 따르면 응답자의 51%가 사회주의에 긍정적인 이미지를 가지고 있는 반면에 자본주의에 대한 긍정적인 이미지를 가지고 있는 이들은 45%였다. 이렇듯 미국 젊은이들의 절반 이상이 사회주의에 호감을 표하고 있다.

나 역시 인류가 더 나은 사회를 건설하기 위해서는 자본주의라는 틀로는 한계가 있으며 사회주의적 대안 도입이 시급하다고 생각한다. 말과 글이라는 수단을 통해 사회주의의 대중화를 위해 다방면으로 노력하고 있기도 하다. 하지만 분단국가 남한에서 사회주의자로 활동한다는 건 주지하다시피 만만치 않은 일이다. 사회주의 얘기를 꺼내면 대뜸 돌아오는 반응이 다음과 같기 때문이다.

"아니, 그러면 북한처럼 되자는 거예요?"

김대중 정부 시절 남과 북이 6·15 남북공동선언을 하고 잠시 화해와 교류, 협력의 분위기가 있었지만 이를 반기지 않았던 미국과 국내 수구 세력들의 노골적인 방해로 분위기가 금세 역전되어 여전히 남한과 북한 정권 사이에는 냉전 시절 못지않은 한랭 전선이 형성되어 있다. 이런 분위기로 인해 많은 사람들이 한결같이 북한의 있는 그대로의 모습을 보지 못할뿐더러 보려는 시도조차 하지 않으며 정치적인 입장에 따라 동일한 사안에 대해서도 분석과 해석이 천양지차다.

북한이 한동안 경제적 어려움을 겪은 건 사실이지만

그 원인에 대해서도 미국이 북한의 무역과 외환 거래를 철저하게 막고 있는 제재 상황 때문이라는 주장부터, 북한이 추구하는 사회주의 경제 시스템 자체의 문제라는 주장까지 의견이 분분하다. 북한의 핵과 대륙간 탄도탄 개발 문제를 바라보는 시각도 확연하게 갈린다. 미치광이 전쟁광 세력의 정신 나간 모험적 행보라는 주장부터, 미국의 침공 가능성을 차단하고 협상을 통해 경제 제재를 풀어 유리한 국면을 조성하려는 정치적·군사적 카드라는 분석이 동시에 존재한다.

심지어 좌파 운동권 진영 안에서도 북한의 사회주의에 대한 평가가 크게 갈린다. 겉으로는 사회주의를 내세우고 있지만 실상은 김정은을 중심으로 조선노동당의 고위 간부가 권력을 독점하며 인민을 착취하는 관료주의 국가라는 평가에서부터, 미국의 제국주의적 압박에 어려움을 겪고 있지만 굴하지 않고 자신들의 현실에 맞는 '우리식 사회주의'를 내걸고 남과 북의 통일과 노동자가 주인이 되는 민주적이고 평등한 공동체를 건설하기 위해 노력 중이라고 평가하는 쪽도 있다.

이렇게 사회 곳곳에 북한에 대한 상반된 주장이 한 치의 양보도 없이 팽팽하게 병존한다. 정치적 입장이 서로 다르면 한쪽에서 객관적인 자료를 제시하며 주장을 펼쳐도 상대방이 아예 귀를 닫아버리는 상황에 종종 봉착한다. 무엇보다도 희대의 악법인 국가보안법이 여전히 살아있다 보니 허심탄회하게 토론한다는 것 자체가 난망한 일이다.

그래서 나보고 북한에 대해서 어떻게 생각하느냐고 묻는다면, 일단 나는 양극단의 편향을 경계하는 편이라고 답하련다. 내가 보기에 그 수가 많지는 않지만 북한에 과도한 환상을 지닌 사람들이 분명 있는 것 같다. 위대한 수령이 이끄는 조선노동당의 모든 행보는 옳고 정당하며 오류가 있을 수 없다고 생각하는 종교 수준의 열광인데, 나는 일단 이것이 그동안 자행되었던 북한에 대한 과도한 악마화의 반작용이라고 본다.

한번은 SNS에서 북한 정권에 대한 맹목적인 시각의 글을 만났다. 평소에는 그냥 넘어가는 편이지만 그날은 뭐가 불편했는지 대략 다음과 같은 취지의 댓글을 남겼다.

'조선노동당의 핵심 간부이자 김정일의 매제였던 장성택이 반당 반혁명 종파 행위로 처형당하지 않았는가. 그렇게 모든 일에 완벽한 조선노동당이라면 오래전부터 전복을 꾀했다는 장성택을 진작 걸러냈어야 할 것 아닌가. 하지만 장성택은 오랫동안 북한 최고위층 간부였으니 그 자체로 상당히 문제 아닌가? 사정이 이러한데 어떻게 조선노동당이, 북한이 하는 일에 오류가 없을 수 있을까? 북한이나 남한이나 똑같이 사람 사는 곳일 뿐이다.'

솔직히 말해 이런 맹신도 수준의 편향을 가진 사람은 그 수가 많지도 않고 사회적 영향력도 미약해서 그다지 신경 쓰이지 않는다. 하지만 다른 쪽 편향은 심각하다. 왜냐면 수가 상당히 많은 데다가 국가 기구와 제도권 언론이 나서서 조장하기 때문이다.

바로 북한에 대한 밑도 끝도 없는 악마화다. 무슨 정치범에게 쇳물을 부어서 죽였다는 둥, 누가 숙청되어 총살당했다는 둥 출처도 불확실한 가짜 뉴스들이 공중파를 타고 뉴스로 전달되는데, 총살됐다는 사람이 얼마 후 버젓이 살아서 활동하고 있는 웃지 못할 상황이 반복된다. 이미 남한이 북한보다 경제력으로 훨씬 우위에 있음에도 무엇이 그리 두려운지 북한을 보는 시각에 한해서는 여전히 수십 년 전 냉전 시대에 머물러 있다.

이런 얘기를 하고 있자니 대략 20년 전쯤 경험했던 일이 떠오른다.《자본론》 학습 모임을 만들어서 운영할 때 참가자 중 연세대학교 사회학과 여학생이 있었다. 원래 한양대학교 의대를 다니다가 뒤늦게 사회학에 관심이 생겨 학교를 옮긴 친구인데 하루는 학교 친구를 데려오고 싶다는 게다. 대환영이라고 답하면서 어떤 친구냐고 물어봤더니 탈북자란다. 다음 모임에 그 탈북 여성도 참가했다. 처음에는 다소 어색하고 조심스러운 분위기가 흘렀지만《자본론》을 공부하는 모임이다 보니 대체로 사회주의나 북한에 대해 오해와 편견이 적은 사람들이라 어느덧 서로 편안하게 이야기를 주고받는 사이가 되었다.

어느 날 모임을 마치고 귀가하는 길에 지하철을 같이 타게 되어 궁금한 것을 이것저것 물어보았다.

"북한에서 살다가 이제는 남한에 와서 살고 있는데 어떤 점이 다르던가요?"

"음, 병원에 갔을 때 사람들이 돈 내는 걸 보고 충격을 받았어요."

"아! 그럴 수 있겠네요. 북한은 무상 의료니까."

"돈이 없으면 치료를 받을 수 없다는 건 북한에서는 상상도 할 수 없는 일이거든요."

사회주의 국가에서 무상 의료를 실시한다는 걸 머리로는 알고 있었지만 실제로 살다가 온 사람한테 직접 얘기를 들으니 뭔가 망치로 머리를 맞은 것 같았다.

'그래, 병원에 가서 돈 내는 것이 누군가에게는 매우 이상한 장면으로 느껴질 수도 있겠구나.'

"그리고 땅에 보이지 않는 금을 그어 네 것 내 것 나누는 게 이해가 안 됐어요. 토지는 누가 만든 게 아니고 자연의 선물인데 공공재를 그렇게 개인이 소유하다니요."

우리에게는 공기만큼이나 자연스러운 일들이 누군가에게는 생소하고 어색한 일로 받아들여질 수 있다는 사실을 깨닫는 것, 그것은 사고의 지평을 한층 넓혀주는 흔치 않은 경험이다. 역시 익숙해진 것을 낯설게 보는 건 쉬운 일이 아니다. 물속에서만 사는 물고기가 물이 없는 공간을 상상하기 어려운 것과 마찬가지겠지. 아무래도 서로 다른 방식으로 운영되는 사회라 남한에 적응하는 게 쉽지 않겠다는 생각이 들었다.

"남한에 적응하는 게 어렵지는 않나요?"

"저는 아직 학생이라서 괜찮은데 오빠가 회사 생활 적응을 어려워해요."

"어떤 점이 어렵다고 하나요?"

"회사를 여러 군데 옮겼는데 계속 상사와 충돌하는 것 같더라고요. 북한에서는 자기보다 직급이 높은 사람에게도 잘못이 있으면 스스럼없이 직언하는 게 자연스러운 분위기인데 남한에 와서 북한처럼 하다가 회사에서 계속 잘린 모양이더라고요."

북한은 대부분 공기업인 데다가 남한의 상명하복식 기업 문화와는 분위기가 상당히 다르다. 특히 '생활총화'라는 독특한 비판 문화가 있어서 말 그대로 지위 고하를 막론하고 계급장 떼고 공적 및 사적 생활에 대해 자아 비판 및 상호 비판을 수행한다. 비판이라는 단어의 어감 때문에 뭔가 헐뜯는 걸로 여기기 쉬운데, 그런 건 아니고 정기적으로 열리는 일종의 '반성회'라고 생각하면 이해하기 쉽겠다. 요컨대 생활총화 문화가 체화된 사람이 남한에 와서도 윗사람한테 대놓고 지적질을 하다가 속절없이 잘렸다는 이야기다.

북한에서 생활총화를 정기적으로 한다는 것을 알고는

있었지만 북한 사람이 남한에 건너와 생활할 때 이런 식의 어려움을 겪으리라고는 미처 예상할 수 없었다. 제일 흥미로운 얘기는 영화를 관람한 경험담이었다.

"영화관에서 영화를 보는데 저는 여느 때처럼 '오늘은 어떤 교훈을 얻을까?' 하는 마음으로 관람하고 있었어요. 그런데 내내 사람 죽이고 차 부수고 건물 폭파하다가 끝나버리더라고요. 이게 도대체 뭔가 싶었어요."

북한에서는 영화 역시 공공재기 때문에 자극적이고 폭력적인 내용을 담기보다는 관객에게 교훈을 주기 위한 목적으로 제작한다(오해가 있을까 봐 부연하는데 이것이 바람직하다는 얘기는 아니다). 영화라고 하면 으레 흥미로운 이야기를 통해 교훈을 얻는 것이라 여겼는데 남한에서 주구장창 때려 부수기만 하는 영화를 접하고는 문화 충격을 받은 것이다.

당시 나는 사회주의와 자본주의의 차이를 어느 정도 이해하고 있다고 생각했다. 하지만 생생한 남북한 비교 체험담을 들으니 사회마다 추구하는 가치관 및 이를 토대로 한 운영 방식에 차이가 나며 그로 인해 구성원의 사고방식이 상당히 달라질 수 있음을 새삼 절감했다. 역시 '사회적 존재가 의식을 규정한다'는 마르크스의 명제는 여전히 유효하구나.

노동 조합이나 진보적 사회 단체 같은 곳에서 강의하다가 종종 탈북자와 나눴던 대화 내용을 들려주면 열린 시각을 지닌 통일 지향의 운동권 젊은이들조차 이런 식으로 생각해본 적이 없다면서 신기해한다. 그럴 수밖에 없는 것이 언론이나 방송에 등장하는 탈북자는 예나 지금이나 여전히 천편일률적이고 낯 뜨거운 북한 까대기로만 일관하기 때문이다. 그나마 뜻있는 소수 탈북자가 북한의 모습을 가감 없이 있는 그대로 알리기 위해 유튜브 같은 매체를 통해 노력하고 있지만 대중적인 영향력이 적은 게 솔직한 현실이다. 북한 사람들은 남한 드라마나 영화를 많이들 본다는데 오히려 우리는 북한에 대해 너무나 무지하고 폐쇄적인 것은 아닌지 자문하게 된다.

자본주의 남한이 나름의 장단점이 있듯이 사회주의 북한 또한 나름의 장단점이 있는 사회다. 남과 북이 평화와 공동 번영 및 점진적인 통일의 길에 들어선다면 군축을 통해 국방비를 줄여 경제 발전과 복지 확충에 더욱 힘을 기울일 수 있고, 군 복무 기간을 단축하거나 모병제로 전환할 수 있다. 교류와 협력의 수준을 높여가며 서로의 장점을 배우고 단점을 보완한다면, 그 과정에서 힘을 합쳐 더욱 부강하고 존중받는 나라가 될 것이다. 그러기 위해서는 지금이라도 북한을 있는 그대로 볼 수 있는 의식의 전환이 시급하지 않을까.

사회주의자의 소신 투표

20대 대선에서 국민의힘 윤석열 후보가 당선되었다. 당시 민주당 이재명 후보와의 차이가 1%가 안 될 정도로 박빙의 승부였다. 게다가 두 후보의 득표율을 합치면 96.39%이니 그야말로 나라가 두 쪽 났다는 표현이 어울릴 만하다. 물론 양대 진영에 속하지 않고 나머지 3.61%를 나눠 먹는 소수파 후보들도 존재하는데, 내가 투표한 후보도 그중 하나다. 거대 양당 지지자들은 이긴 쪽이든 진 쪽이든 대한민국 절반이 자신과 생각이 다르다는 사실에 실망하는 것 같다. 그런 식이라면 내가 투표한 후보는 0.11%를 득표했으니 대한민국 99.89%가 나와 생각이 다르다는 얘긴데, 이거 과연 생존이나 가능할까 싶다.

도대체 누구를 찍었는지 궁금하다고? 어차피 버린 몸이니 화끈하게 공개한다. 그동안 대통령 선거에서 내가 투표한 역대 후보와 그들의 득표다.

1997년 제15대 대선 권영길 (건설국민승리21) 1.19%
2002년 제16대 대선 권영길 (민주노동당) 3.89%
2007년 제17대 대선 권영길 (민주노동당) 3.01%
2012년 제18대 대선 김소연 (무소속) 0.05%

2017년 제19대 대선 김선동 (민중연합당) 0.08%

2022년 제20대 대선 김재연 (진보당) 0.11%

18대 대선부터 득표율이 부쩍 떨어지는데 민주노동당이 내홍으로 인해 여러 개의 진보 정당으로 쪼개졌기 때문이다. 득표율 0.05%, 0.08%, 0.11% 같은 수치가 뭔가 비현실적이라 와닿지 않는 사람도 많을 것이다. 지금부터 생생한 경험담을 통해 그 웃프디 웃픈 구체적 이미지를 제공하겠다.

2017년 19대 대통령 선거 다음 날이었다. 중앙선거관리위원회 홈페이지에 접속해 독산1동 제4투표소의 개표 결과를 확인했다. 총 2,998명이 투표했는데 내가 투표한 민중연합당 김선동 후보는 딱 한 표가 나온 것 아닌가. 누군가 독산1동 제4투표소에서 민중연합당 김선동 찍었다고 한다면 새빨간 거짓말이다! 그 한 표는 내 거니까! 동네 최강의 소신 투표. 그 누가 내 앞에서 소신 운운할 것인가.

이 사실을 페이스북에 공유하자 나의 좌파 페친들도 덩달아 선관위 홈페이지를 방문하더니 '배신자'를 색출(?)하는 데에 활용하더라. 무슨 얘기냐 하면 자기 투표소에서 딱 한 표가 나오면 그것은 자기 표이니 김선동 찍기로 약속한 가족이나 지인이 다른 후보를 찍었다는 얘기가 된다. 졸지에 가정 불화를 조장한 것 같아 마음이 편치 않았다.

그나저나 20대 대선에서는 득표에서 뚜렷한 성장세가 있었다. 독산1동 제4투표소에서 2,260명이 투표했는데 내가 찍은 김재연 후보가 두 표 나온 것이다. 100% 성장률이다. 이쯤 되면 누군가는 실소를 터트릴지도 모르겠다. 사회 부적응자 아니냐, 정치적 고립무원 지경 아니냐, 경제적으로 상위 0.01%는 불가능하니 정치적으로 0.01%를 노리냐 등의 조롱이 귓가에 울리는 것 같다.

그러고 보면 나도 참 독한 놈이다. 실망하고 힘이 빠질 만도 한데 도대체 무엇이 날 이렇게 살도록 만들까? 내면을 찬찬히 들여다보니 답을 알 것도 같다. 1 더하기 1은 의심할 바 없이 2인데 남들이 3이라고 한다고 해서 내가 그 주장에 동조할 수는 없다. 마찬가지로 보수 양당 모두 진정한 대안이 될 수 없는데 진보 정당을 놔두고 양당 중 하나를 선택할 수는 없다.

타임머신을 타고 신분제 사회인 조선 시대로 갔다고

하자. 알다시피 조선에도 이리저리 나뉘어 당파 싸움하던 사대부들이 있었으며 그중에는 상대적으로 백성들을 위하는 개혁 성향의 무리도 있었다. 하지만 그 개혁적 사대부들조차도 신분제를 타파하자고 얘기하지는 않았다. 높은 위치에서 백성을 내려다보며 가엾게 여길 뿐이었다. 만약 백성들이 신분제 세상을 엎겠다고 봉기하면 언제든지 당파 싸움을 멈추고 진압에 나설 이들이었다.

타임머신을 타고 도착한 우리는 조선 시대를 보며 무슨 생각을 할까? 신분제는 불평등하고 불합리하니 철폐해야 한다고 생각할 것이다. 이것은 '1+1=2' 만큼이나 명백한 사실이다. 게다가 우리는 미래가 어떻게 바뀌었는지 이미 알고 있지 않은가. 물론 타임머신이 고장 나서 조선에서 여생을 마쳐야 한다면 어떻게든 적응해서 살아야겠지. 그렇다고 한들 속마음마저 신분제가 정당하다고 인정할 수는 없을 것이다. 이미 진실을 알아버렸으니 말이다.

내가 0.1%도 안 되는 처참한 결과를 예감하면서도 사회주의 성향이 강한 진보 정당 후보에게 투표하는 이유도 같은 맥락이다. 사회주의자의 관점에서 보면 대통령 선거에서 벌어지는 거대 양당의 치열한 각축전이 저 조선 시대

사대부들 권력 다툼과 별다르게 여겨지지 않는다. 물론 두 당이 정책적으로 일정 부분 차이가 있다. 하지만 양당 모두 자본주의의 폐해를 극복하고 노동자가 사회의 주인이 되는 진정한 민주주의를 구현하는 데에는 전혀 관심이 없다. 조선 시대로 비유하자면 만악의 근원인 신분제를 극복하려는 의지가 전혀 없는 기득권 세력이라는 의미다.

그래도 그렇지 안 될 것 뻔히 알면서 왜 찍느냐고, 차라리 거대 양당 중 그나마 덜 나쁜 쪽에 투표하는 게 지혜로운 선택 아니냐고, 그렇게 융통성 없이 사니까 항상 소수파로 전락하는 거 아니냐고? 물론 일리 있는 말이다. 솔직히 말하자면 드러내놓고 사회주의자로 살다 보니 그동안 이래저래 손해 봤다고 할 만한 일도 많았다. 그런 일을 겪으면 힘이 빠지는 것도 사실이다. 하지만 억울하다거나 인생을 허비했다고 생각하지는 않는다.

한번 생각해보자. 나에게 아내와 두 딸은 얼마나 소중한 존재인가. 내가 이들을 보호하려고 한 행위가 나 자신에게 피해가 된들 내가 후회하거나 손해 봤다고 생각하겠는가. 다시 그 상황이 오더라도 십중팔구 똑같이 행동할 것이다. 마찬가지다. 당장 나 자신에게 조금 더 이익이 된다고 해서 가족을 버릴 수 없는 것처럼, 나는 사회주의자로서의 신념을 버릴 수 없다. 지켜야 할 너무나 소중한 가치이기 때문이다.

0.1% 득표가 예상되는 후보에게 투표하는 일은 불의의 세상에 대한 저항 중에서도 가장 소극적이고 안전한 행위다. 김선동, 김재연을 찍는다고 목숨이 오락가락하는가, 생계가 위협받는가. 조선 시대에서 신분제에 맞서 싸우던 사람들에 비하면야 이루 말할 수 없이 평화롭고 안락한 투쟁이다. 이 안전한 저항선에서조차 밀려버린다면, 내 소신이란 놈이 얼마나 남루하고 처연해지겠는가.

96.39%에 해당하지 않는 소수파 투표에는 이런 의미가 담겨 있다. 그러함에도 불구하고 소신 투표를 사표로 치부해버리는 분위기는 여전하다. 특히 20대 대선에서는 1%도 안 되는 차이로 승패가 결정되다 보니 더욱 그러했다. 실제로 민주당 이재명 47.83%와 정의당 심상정 2.37%를 합치면 국민의힘 윤석열 당선자의 득표보다 많고 심지어 50%를 넘는다. 민주당 지지층에서 심상정 때문에 이재명이 떨어졌다는 강한 불만도 나왔다. 심상정이 사퇴했다면 2.37%의 상당 부분이 아무래도 이재명에게

오지 않았겠느냐는 식이다.

하지만 이것은 번지수가 한참 잘못된 비판이다. 솔직히 그동안 국민의힘은 막아야 한다는 협박으로 민주당이 진보 정당들 표를 얼마나 많이 갈취해왔는가. 전 재산의 90%를 빼앗아 놓고는 나머지 10%를 내놓지 않아서 이재명이 졌다는 얘기인데 양심에 털이 나지 않고서야 그런 얘기는 못 할 것이다.

오히려 민주당과 문재인 정권이 자신들의 공약이기도 한 결선투표제를 도입했다면 사표 논란은 없었을 것이다. 1위 후보가 과반이 넘지 않으면 1위, 2위 후보만 놓고 재투표해 당선자를 결정하는 결선투표제가 시행되면 유권자가 이런저런 고민 없이 소신껏 투표할 수 있지 않겠나. 자신들이 내세운 공약을 지키지 않아 일어난 일을 왜 남들에게 뒤집어씌우는 걸까. 의회에서 다수를 점하고 있는 민주당이 지금 당장 할 일은 결선투표제를 도입하는 것이다. 그게 현시기 개혁과 진보가 동반 성장할 수 있는 첩경이다.

걷는 방향을 정확히 알고 있다면

어쩌다 내 독특한 이력을 알게 된 이들은 꼭 이렇게 얘기한다. 전자 공학 전공을 살려 대기업에서 연구원으로 계속 일했으면 지금보다 경제적으로 훨씬 나았을 텐데 왜 이렇게 어리석은 선택을 했느냐고 말이다. 경제적인 관점에서 본다면 그 말이 백번 천번 맞다. 하지만 인간이란, 입으로 맛난 음식이 들어가고 뒤로 똥 잘 나오면 만사형통인 그런 단순한 존재가 아니더라.

핏덩이로 세상에 던져져 다양한 자연 현상과 사회 현상을 목도하다 보면 어느 샌가 '왜' 혹은 '어떻게' 같은 질문을 끊임없이 던지게 되는데 그러한 고민의 빈도가 잦고 농도가 짙은 개체일수록 단순한 생명 유지 행위만으로는 채울 수 없는 정신적 공복감을 강하게 느낀다. 그 공복감을 메우기 위해 다양한 지식을 섭취하며 고군분투하는 과정에서 자신만의 가치관과 세계관이 형성되고 그것이 한 인간의 삶에 방향성을 부여한다.

그 길이 하필이면 비포장도로와 가시덩굴로 점철되어 있다 할지라도 올바르고 가치 있는 일이라는 확신이 있다면 기꺼이 감수하기도 한다. 인류는 그러한 고집스러운 여정을 통해 예술, 종교, 사상 등 자신을 다른 생명체와 구분 짓는 귀중한 유산을 남길 수 있었다. 그러니 내가 안정적인 직업을 뒤로하고 사회주의자에, 작가의 길을 선택한 것은 일차원적 유기체로서의 삶을 넘어 지극히 복잡하고 다차원적인 존재(인간)로서 눈을 떴기 때문이다.

그런데 말이다! 그 고고한 삶을 지속하기 위해서는 다시 원점으로 돌아와 생명체로서의 기초 신진대사가 원활하게 유지되어야 한다. 이것은 모든 문제보다 선차적일 뿐만 아니라 머리 위에 떨어지는 햇살이나 다리를 붙잡고 있는 중력과도 같이 보편적이다. 일단 먹어야 글을 쓰든 말든 할 것 아니겠나. 그러니 가치와 의미를 추구하는 인간다운 삶을 위해서는 최소한의 동물적 생존 조건이 충족되어야 한다. 아무리 배고픈 소크라테스더라도 일단 살아는 있어야 혓바닥을 움직여 배부른 돼지를 비판할 수 있을 테니 말이다.

사정이 그러하니 이러건 저러건 먹고사는 문제에 신경쓰지 않을 재간이 없다. 사회주의자 작가로서의 먹고사니즘은 대체로 책의 인세나 글의 원고료, 그리고 외부 강연비로 이루어진다. 나름 사회 과학 분야에서 알려진 책도 쓰지 않았냐고 할지 모르겠지만 인세나 원고료는 액수가 적어 수입의 상당 부분을 강연비에 의존한다. 그동안 여러 권의 책을 쓰다 보니 이곳저곳에서 강연 요청이 들어오는 편인데 노동 조합, 사회 운동 단체, 학생 운동 단체 등 대체로 형편이 어려운 곳들이다. 이들은 약속이나 한 듯 강연비가 적다고 미안함을 표한다. 솔직히 나로서는 불러주니 고마울 따름이다. 책의 내용에 공감해서 더 자세한 얘기를 듣고자 연락한 것 아닌가. 글 쓰는 사람으로서 보람이 느껴지는 순간이다.

한번은 모 대학에서 학생 운동을 하는 학생 몇몇이 학우들을 대상으로 강연회를 조직해 나를 초청한 일이 있었다. 인원이 많지는 않았지만 사람을 모으기 위해서 얼마나 노력했을지 눈에 선해 목소리를 높여 열강했다. 행사가 끝나고 학생들이 다가와 인사를 건넸다.

"작가님, 강연이 너무 인상적이었어요. 바쁘실 텐데 와주셔서 감사합니다."

"아니에요. 안 바빠요. 집에 있다 나왔는데요, 뭘. 뜻깊은 자리에 불러주니 제가 고맙죠."

"여기 강연비입니다. 액수가 너무 적은데 흔쾌히 응해주셔서 진심으로 감사합니다."

"아니에요. 생계에 큰 도움이 되어요. 고마워요. 잘 쓸게요."

나중에 강연비를 어떻게 마련했는지 우연히 듣게 되었는데 학생 두 명이 노가다를 뛰어서 각 5만 원씩 총 10만 원을 모은 것이란다. 뭔가 미안하기도 하고 뭉클하기도 하고, 내가 좀 여유가 있었다면 그 10만 원을 활동비에 보태라고 다시 건네줬을 텐데 하는 후회감이 들기도 했다.

어쨌든 이렇게 글 쓰고 강의하며 가까스로 하루하루를 살아가고 있던 어느 날 갑자기 걸려온 전화를 받았다.

"안녕하세요. 임승수 작가님이시죠?"

"네에. 어디신가요?"

"저희는 강연 에이전시 ○○○입니다. 강의 요청을 드리려고요. 대기업 신입 사원 연수인데요. 일정은 몇 월 며칠이고, 강의 장소는 어디입니다. 혹시 가능하신가요?"

"잠깐요. 확인해보겠습니다. 마침 가능하네요. 일정을 잡아 놓을까요?"

"네. 그렇게 해주시면 감사합니다. 그런데 책정된 예산이 좀 빡빡해서…."

'강연 에이전시에서 나한테 연락하는 일이 잘 없는데, 게다가 대기업 신입 사원 연수? 설마 마르크스《자본론》 강의를 해달라는 건 아닐 테고. 글쓰기 책도 냈으니 아마도 글쓰기 강의이려나? 예산은 빡빡하다는데, 그래도 대기업이니까 강연비를 얼마 책정했으려나?'

이래저래 궁금한 것투성이였다.

"강연비를 많이는 책정하지 못하고 300만 원인데, 괜찮으실까요?"

사…, 삼백? 금액을 듣고 혼비백산했다. 나로서는 듣도 보도 못한 액수였다. 평상시와 단위가 다르니 말이다. 갑자기 두뇌 회전 속도가 급격하게 상승하며 수많은 생각이 초 단위로 꼬리를 물었다.

'무척 당황한 것은 사실이지만 그렇다고 이 상황에서 액수에 놀라는 모습을 보여주면 안 되겠지. 뭔가 이런 수준의 금액에 익숙한 사람이라는 느낌을 줄 필요가 있을 것 같아. 그렇다고 해서 좀 빡빡한 것 같지만 그런대로 진행할 수 있을 것 같습니다, 라고는 도저히 말할 수 없겠어. 현실과의 괴리가 너무 커서 차분한 목소리를 유지할 수 없

거든. 그렇다면 가장 무난한 반응은… 아! 그게 좋겠다.'

"네. 그 정도면 합리적이네요. 괜찮습니다."

"강의 수락해주셔서 감사합니다. 조만간 다시 연락드리겠습니다."

전화를 끊고서 한숨을 푹 내쉬었다.

'기업 대상으로 매번 이런 수준의 강사비를 받고 강의하면 돈 알기를 우습게 알 수도 있겠구나. 그나저나 내가 어떤 사람인지는 정확히 알고 연락한 걸까? 과연 나를 강사로 수용할 수 있을까? 내 이름을 살짝만 검색해봐도 대기업 입장에선 신입 사원 연수를 맡기고 싶지 않을 텐데. 도대체 일이 어떻게 진행되려나.'

며칠 후 다시 연락이 왔다. 죄송하게도 이번에는 강사로 모시지 못할 것 같단다. 역시나, 이게 정상이지. 자세한 사정은 얘기하지 않았지만 아마도 강사로 올렸다가 대기업 측에서 나의 행적을 찾아보곤 기겁했겠지. 사실 내가 그렇게 꽉 막힌 사람은 아닌데 말이야. 강연비가 300만 원보다 적어도 충분히 협의할 용의도 있고 나름 유머 감각도 있어서 어려운 내용도 재밌게 전달하는 편인데. 가진 자의 무분별한 횡포를 막고 평등하고 정의로운 세상을 만들어야 한다는 얘기가 그렇게나 불편하다면야 어쩌겠는가. 내가 돈이 없지 가오가 없나.

그 일이 있은 후로 간혹 강연 에이전시로부터 연락이 오면 내가 어떤 사람인지 자세히 설명하고 기업 측에서 불편할 수 있으니 다시 검토해보라고 말해준다. 그러면 조언해줘서 고맙다며 이후로는 연락이 없다. 쩝, 연락 좀 하면 어디가 덧나나? 솔직히 삼성 사장단 대상으로 마르크스 강의를 한번 해보고 싶기는 한데, 아무래도 어렵겠지? 죽는 날까지 하늘을 우러러 한 점 부끄럼이 없기를, 오늘 밤에도 돈이 내 옆을 스쳐 지나가는구나. 그 소리에 괴로워했지만 오늘도 나한테 주어진 길을 걸어가야겠다.

2장

당신은 자본주의자 인가요

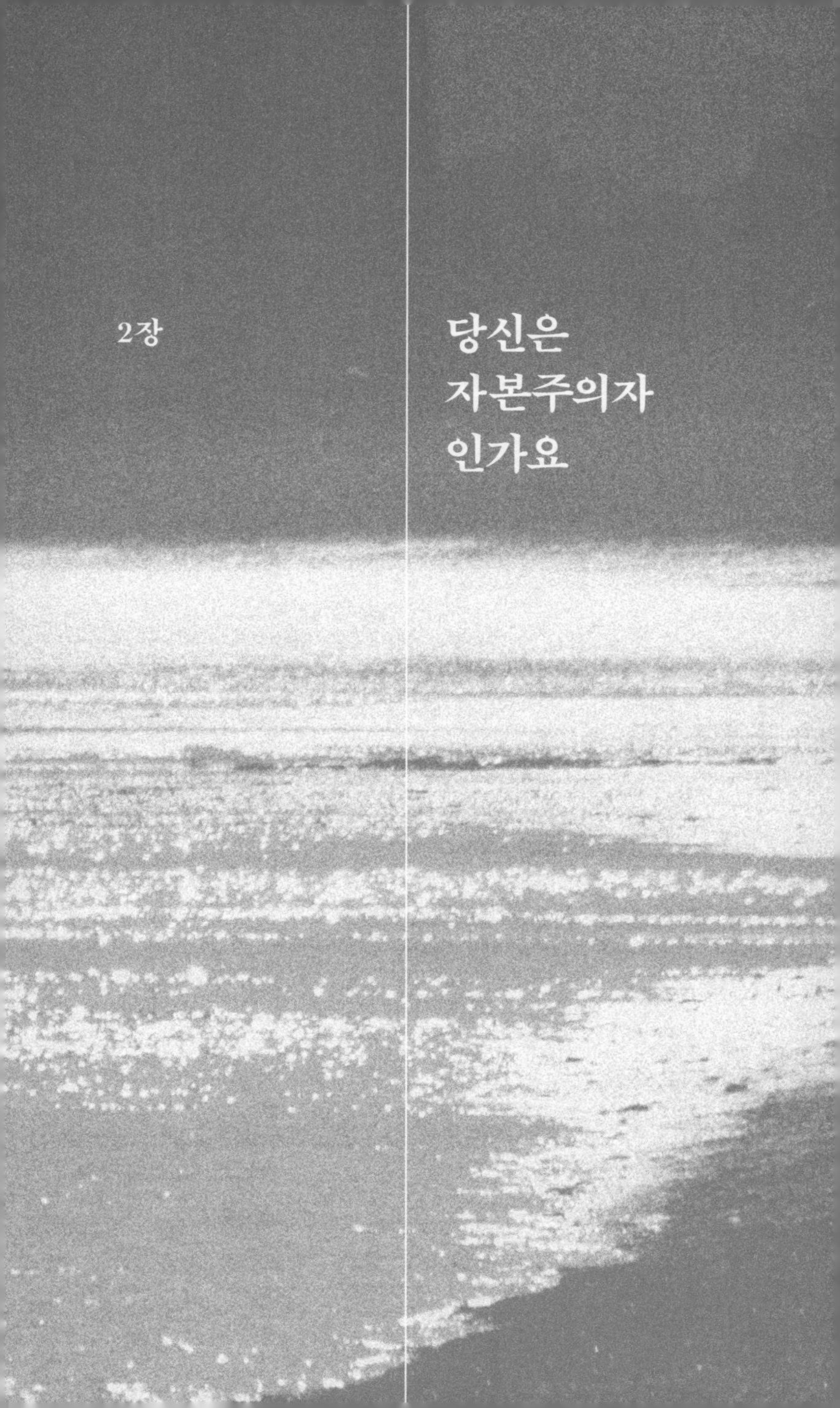

복지는 좋은데, 사회주의는 싫다고?

언제부터인가 국내외를 막론하고 사회주의라는 단어의 출몰 빈도가 눈에 띄게 늘었다. 자본주의 끝판왕 미국의 2020년 대선에서 사회주의자 버니 샌더스가 조 바이든과 민주당 후보 자리를 놓고 치열한 각축을 벌였다. 같은 해에《21세기 자본》의 저자이자 세계적인 경제학자 토마 피케티가《Vivement le socialisme 사회주의 만세!》라는 제목의 책을 출간했다. 국내에는《피케티의 사회주의 시급하다》라는 제목으로 출간됐다. 나도 같은 해에《자본주의 할래? 사회주의 할래?》라는 청소년 도서를 출간해 예상을 훨씬 웃도는 판매 실적을 보이며 증쇄를 거듭하고 있다. 어디서 슬그머니 밥숟가락을 얹느냐고? 미안하다. 불편하다면 잊어달라. 2022년 9월에 출간된 정지아 작가의 소설《아버지의 해방일지》는 빨치산이자 사회주의자인 아버지의 삶을 다룬 소설인데 주요 서점 종합 베스트셀러 최상위에 올라가 도무지 내려올 줄을 모른다.

분위기가 이러하다 보니 나 역시 강의할 때 사회주의를 언급하는 빈도가 예전보다 대폭 늘어났다. 하지만 여전히 대중적인 거부감은 적지 않아서 '사회주의는 이미 망하지 않았느냐', '현실 가능성이 없는 얘기다', '자본주의에도 복지나 재분배 정책이 있는데 왜 굳이 사회주의냐'라는 식의 냉소적인 반응과 종종 마주한다.

개인적으로 안타까운 마음이 크다. 냉전의 잔재가 여전한 분단사회다 보니 사회주의를 무슨 뿔난 괴물로 생각하는 모양인데, 자본주의 대한민국에도 이미 사회주의 요소가 적지 않게 존재한다. 정부가 시행하는 복지 및 재분배 정책이 바로 사회주의 정책이다. 샌더스 같은 미국의 사회주의 정치인이 내세우는 정책도 공공 의료 보험 확대, 대학교 무상 교육, 부자 증세 같은 것들 아닌가. 그게 무슨 사회주의냐고, 자본주의 국가에서 많이 시행하는 정책 아니냐고 묻는다면 조금 더 상세하게 설명하겠다.

원래 복지, 재분배는 자본주의와는 인연이 없는 개념이다. 알다시피 자본주의 시스템에서는 재화나 서비스가 영리 목적의 민간 기업에 의해 생산 및 제공되며, 소비자는 시장에서 해당 재화나 서비스를 상품으로 구매한다. 예를 들어 의료 서비스 분야가 완전히 자본주의화(민영화)된 사회는 어떨까?

국가의 보건 의료 정책은 시장에 대한 개입이니 사라지겠고 공공 의료 기관은 폐지된다. 민간 의료 기관이 시장의 자율이라는 명목으로 자의적으로 진료비를 책정한다. 이런 상황에서 코로나 같은 감염병이 또다시 창궐하면? 그야말로 아비규환이 펼쳐질 것이다. 국가가 공공 재원과 행정력을 동원해 감염병에 대처하고, 이윤 추구 목적의 영리 병원을 금지하고, 진료비 책정에 강력하게 개입하고, 폭넓게 국민건강보험을 시행하는 것은 자본주의와는 전혀 무관한, 지극히 사회주의 성격의 정책이다.

공교육 시스템 역시 자본주의가 아니다. 교육의 완전한 자본주의화(민영화)가 이뤄지려면 국공립학교를 폐지하고 모두 사립학교로 전환해 국가가 학교 운영에 개입해서는 안 된다. 등록금이나 교육 과정, 선발 과정 모두 교육 시장의 자율에 맡겨야 한다.

진정한 자본주의를 위해서는 여전히 갈 길이 멀다. 국공립 어린이집도 없애고 무상 급식도 없애고 공공 임대 주택도 없애야 한다. 그런 건 자본주의가 아니기 때문이다. 정부가 공익을 목적으로 경제에 개입하는 건 엄밀히 말해 전부 사회주의 정책이다.

정부가 복지 및 재분배 정책을 추진하면 극우 세력들은 '사회주의 정책'이라며 결사 반대하는데, 솔직히 사실관계가 틀린 건 아니다. 사회주의 맞다. 다만 분단 구조로 인해 '사회주의'라는 단어의 의미가 악마화되었고, 그 낙인 효과를 정치 선동에 이용하는 것이다. 국가의 사회주의 성격이 강화될수록 중앙 정부, 지방 정부, 주민 공동체가 공익 차원에서 경제에 개입한다. 무상 의료와 무상 교육이 시행되고 더 많은 국민이 저렴한 가격에 공공 임대 주택을 이용할 수 있게 되며 학교에서만 급식이 제공되는 게 아니라 지역 주민에게도 양질의 급식이 제공될 것이다.

많은 사람이 선망하는 북유럽 복지 국가는 우리보다 사회주의 정책을 더욱 폭넓게 시행한다. 정부가 국내총생산GDP의 무려 40~50%를 세금으로 걷어서 공익사업 및 복지 재원으로 활용하니 가능한 일이다. 얼추 나라의 절반은 사회주의식으로 운영된다고나 할까. 즉, 우리 국민들은 사회주의 색채가 더 짙은 나라를 부러워한다는 얘기다.

그러함에도 불구하고 대한민국에는 여전히 냉전적 인지 부조화가 존재한다. 복지 국가가 좋은데, 공무원이 되고 싶은데, 사회주의는 싫다니! 복지 국가는 사회주의 정책을 받아들인 결과이고 그런 정책이 실행되려면 해당 서비스를 담당하는 공기업을 설립하고 공무원을 늘려야 한다. 공무원이 되기를 원하고 복지를 좋아한다는 얘기는,

다시 말해 사회주의 안전망에서 살고 싶다는 얘기다. 그런데 정작 사회주의는 싫다고 하니, 이게 도대체 말인가 방구인가! 언제까지 수십 년 전 낡은 세계관에 머물며 아버지(사회주의)를 아버지라고 부르지 못할 것인가. 인류 역사상 최악의 빈부 격차, 극심한 이윤 지상주의, 유례없는 환경 파괴를 낳는 자본주의 시스템이 그나마 좌초하지 않고 명맥을 유지하는 이유도 사회주의 정책을 적극 도입해 부작용을 완화하고 무분별한 착취를 제한하기 때문이다.

알다시피 인류 사회의 발전은 보편적 인권이 신장되고 기본권이 확대되는 과정이었다. 기본권이 확대될수록 복지로 제공되는 재화나 서비스의 영역 또한 확장된다. 과거에는 학생들이 학교에서 점심 식사를 해결하기 위해 각자 도시락을 싸 왔지만 현재는 차별 없이 급식이 제공된다. 과거에 건강보험의 혜택이 제공되지 않던 질병들도 지금은 혜택을 받고 있다. 공동체의 사회주의적 성격이 확대강화될수록 구성원의 기본권 또한 확대되며 그에 따라 사회적 행복도는 상승한다. 사회주의라는 기표가 정확한 기의를 시급히 되찾아야 할 이유이다.

사적 소유는 정당한가

특정 사상을 이해하기 위해서는 해당 사상을 낳은 시대적 배경을 살펴보아야 한다. 노예제의 폐해가 존재했기 때문에 노예 해방 사상이 나타났고 신분제의 폐해가 존재했기 때문에 신분제 폐지 요구가 제기되지 않았겠는가. 마찬가지로 사회주의 사상의 탄생은 자본주의의 발전과 긴밀하게 연결되어 있다. 그런 이유로 사회주의를 제대로 이해하기 위해서는 일단 자본주의를 정확히 아는 것에서부터 시작할 필요가 있다.

알다시피 지금처럼 다양한 산업이 발전하기 이전에 인간 사회는 주로 농사를 지어 먹고살았다. 경제 활동에서 농업이 차지하는 비중은 압도적이었다. 농업에서 가장 핵심적인 생산 수단은 무엇일까? 토지다. 농경 사회에서 광활한 농지를 독점해 자신의 이익을 위해 사용한다면 거대한 부를 축적할 수 있었다. 고대나 중세에 벌어진 다양한 전쟁의 사례를 살펴보면 그 본질은 결국 권력자들의 땅따먹기 싸움이다.

그 시대 지배 계급은 자신이 보유하고 통제하는 토지에서 백성들이 농사를 짓도록 독려 및 강제했으며 백성들이 일구어낸 생산물의 일정 비율을 조세 혹은 지대의 형태로 가져갔다. 이를 통해 거대한 부를 축적했다. 백성들은 생계를 유지할 수 있는 수준의 생산물을 제외하고는 일상적으로 수탈당했다. 불평등이 양산될 수밖에 없는 이러한 사회 구조가 안정적으로 유지되기 위해서는 차별과 착취를 정당화하는 집단적 세뇌 기제가 필요하기 마련이다. 그 역할을 한 것이 바로 '신분제'다.

사람을 신분으로 나누어 권리와 의무에 있어서 제도적으로 차등을 두고 신화와 종교 같은 허구의 이야기로 이러한 차별을 뒷받침한다. 교육 기관, 종교 기관, 문화 기관들은 집단적 세뇌 기제를 풍부하고 정교하게 만들어 대중에게 일상적이면서도 체계적으로 주입한다. 이를 통해 인민대중은 순종적이고 유순한 백성으로 길들여진다.

'저들은 양반이고 귀족이니까 중요한 역할을 담당하고, 우리는 평민이고 낮은 신분이니 저들의 고귀한 활동을 뒷받침하며 분수에 맞게 살아야지.'

역사를 통해 우리는 이러한 세뇌 기제가 당대에 얼마나 성공적으로 작동했는지 속속들이 잘 알고 있다. 이 거대한 착취 시스템에 반기를 드는 이들은 지배 계급이 제정한 법과 제도에 근거해서 공권력을 동원해 합법적으로 탄압하고 말살했다.

신분제 사회의 기득권자들은 그들만의 천국이 계속되리라 기대했겠지만 세상은 끊임없이 변화하고 발전한다. 항해술의 발달로 인한 교역 확대와 식민지 개척, 과학 기술의 발달에 힘입은 기계제 대공업의 발흥 등으로 인해 상공업이 비약적으로 발전했다. 그 과정에서 발전을 주도한 자본가 계급이 거대한 부를 쌓게 되었고 그들의 경제력은 기존에 대토지를 보유한 귀족들을 넘어서기에 이르렀다.

새롭게 등장한 자본가 계급은 자신들을 옥죄는 신분제 사회 질서에 불만을 느꼈다. 기존의 사회 시스템은 귀족의 이익을 위해 설계됐기 때문이다. 자본가가 공장을 더 짓고 싶어도 토지는 봉건 귀족들이 대를 이어 배타적으로 소유하고 있으며, 노동자를 더 고용하려고 해도 사람들은 농노 혹은 소작인의 형태로 묶여 있고, 봉건적 길드의 규제는 상공업 발전의 방해물이었다. 이런 사회 질서를 바꾸기 위해서는 정치에 참여해서 법과 제도를 고쳐야 했지만 당시 정치 참여는 신분 높은 귀족에게나 허락되었다.

자본가 계급은 자신들의 이익을 위해서 기존 사회 질서를 전복하고 해체할 필요가 있었다. 반면 귀족들은 기득권 유지를 위해 기존 사회 질서를 지켜야 했다. 자본가와 귀족 사이의 필연적 갈등과 충돌이 유럽에서 혁명적 상황을 초래한다. 그 과정에서 신분제 철폐와 공화주의를 내세운 자본가 계급이 승리를 거머쥐었고 봉건 사회 질서는 해체되었다. 드디어 자본가들이 정치권력을 획득한 것이다. 사회의 시스템, 즉 법과 제도를 바꿀 권력 말이다.

자본가 계급은 사회 시스템을 근본적으로 재편했다. 신분제를 철폐하고, 경제 활동의 자유를 보장하며, 사적 소유권을 강력하게 보호하는 등 현재 우리에게 익숙한 자본주의 가치를 담은 법과 제도를 도입했다. 특히 자본가 계급의 이해관계를 관철하는 데에 가장 핵심적인 요소는 '사적 소유권'이다. 귀족이 신분제를 통해서 토지(생산 수단)에 대한 배타적인 권리를 누리며 부를 축적했다면, 자본가는 사적 소유권을 통해 기업(생산 수단)에 대한 배타적인 권리를 누리며 부를 축적했다.

앞서 언급했다시피 귀족은 자신의 땅에서 일하는 농노 혹은 소작인에게서 그들이 생계를 유지할 수준의 생산물을 제외한 나머지를 조세 혹은 지대의 형태로 수취하는 방식으로 착취했다. 귀족들은 농노나 소작인이 열심히 일한 성과물의 상당 부분을 그 시대의 법과 제도에 근거하여 '합법적으로' 갈취할 수 있었고, 그 덕분에 거대한 부를 축적할 수 있었다.

자본가 계급의 방식도 근본적으로 동일하다. 자기 소유의 기업에서 자신의 지시에 따라 일할 노동자를 고용한다. 노동자들은 해당 작업장으로 출퇴근하며 정해진 시간 동안 일하고 자본가로부터 정기적으로 지급되는 임금을 받아 생계를 유지한다. 대체로 임금은 특별한 경우가 아닌 이상 자신과 가족의 생계를 해결할 수 있는 수준에서 크게 벗어나지 않는다. 마치 중세의 농노나 소작인이 그러했듯 말이다.

기업은 생산된 재화나 서비스를 판매하고 돈을 벌어들인다. 이 돈에서 노동자에게 지급되는 임금과 제반 비용을 제하고 남은 게 이윤이다. 이윤 일체는 회사에 대한 사적 소유권을 보유한 자본가에게 귀속된다. 그 과정에서 자본가는 거대한 부를 축적한다. 이렇듯 자본주의 사회에서 '사적 소유권'은 고대와 중세의 '신분제'가 하던 기능, 다시 말해 특권층에게 부를 합법적으로 몰아주는 기능을 현대 사회에서 교묘한 방식으로 재현한다. 신분제를 통해 귀족에게 부가 몰리듯 사적 소유권을 통해 자본가에게 부가 축적되니 말이다.

노동자는 일한 대가로 임금을 받았는데 무슨 문제가 있느냐고 할지도 모르겠다. 과연 그럴까? 사회주의 사상가 마르크스는 자본가 계급은 부자가 되고 노동자 계급은 가난해질 수밖에 없는 구조적 이유를《자본론》에서 숫자로 풀어서 증명했다.

일반적으로 우리는 임금이 '노동의 대가'라고 생각한다. 예를 들어 월급은 한 달 일한 노동의 대가이고 시급은 내가 일한 노동 시간만큼의 대가라고 여긴다. 요컨대 자기가 일한 양만큼 돈으로 보상받는다는 얘기다. 하지만 마르크스는 그러한 생각이 잘못됐음을 논증한다. 노동자가 직장에서 받는 임금은 노동자가 수행한 노동량에 비해 필연적으로 적을 수밖에 없으며 그 차액이 자본가에게 이윤으로 돌아간다는 것을 수식으로 밝힌다.

예컨대 한 노동자가 하루에 8시간을 일하고 일당으로 6만 원을 받았다. 그러면 우리는 하루 8시간 '노동의 대가'가 6만 원이라고 생각하기 쉽다. 계산하면 1시간에 7,500원이다. 하지만 마르크스의 주장에 따르면 노동자는 원래 1시간에 7,500원보다 훨씬 많은 가치를 창출한다. 예컨대 노동자가 1시간에 창출하는 가치가 2만 원이라면, 일당으로 받은 6만 원은 3시간에 해당할 뿐이다.

하루 8시간의 노동 중에서 3시간에 해당하는 부분만 임금으로 받았으니 추가로 일하는 5시간에서 창출되는 가치 10만 원이 자본가에게 이윤으로 돌아간다. 8시간 노동 중 3시간은 나 자신을 위해 일하지만 5시간은 자본가를 위해 일한다는 뜻이다. 어떤 회사에서 100명의 노동자가 이런 조건으로 일하고 있다고 하자. 자본가는 노동자 한 명당 하루에 5시간씩 총 500시간의 노동에 해당하는 가치를 이윤으로 벌어들인다. 이러한 착취가 자본주의 사회에서 발생하는 극심한 빈부 격차의 원인이라고 마르크스는 날카롭게 지적한다(구체적인 증명 과정은 다소 난해하다. 관심 있는 사람은 나의 책《원숭이도 이해하는 자본론》을 참고하시라).

노동자가 받는 임금이 일한 만큼 받는 '노동의 대가'가 아니라면 도대체 무엇일까? 마르크스는 임금을 노동의 대가가 아니라 '노동력의 대가'라고 했다. 노동력의 대가라는 표현이 의미하는 바는 이렇다. 인간이 노동할 수 있는 육체적·정신적 상태를 유지하기 위해서는 기본적인 의식주를 해결해야 한다. 음식도 주기적으로 섭취해야 하고 의복과 거주 공간도 필요하다. 더불어 자식을 낳아 키울 수 있어야 한다. 그래야 기존 노동자의 수명이 다해도 새로운 노동자가 끊임없이 수혈되어 자본주의 시스템이 유지될 수 있으니까. 요컨대 노동자의 생존과 번식에 필요한 돈이 바로 임금이다. 애초에 일한 만큼 받는 것과 아무런 연관이 없다. 노골적으로 얘기하면 노동자가 죽지 않고 다음 날 나와서 일할 수 있게 만드는 비용이다. 그것이 노동력의 대가, 즉 임금의 진정한 의미다. 노동력의 재생산비용!

하지만 노동자들은 자신이 받은 임금이 노동의 대가라고 착각한다. 노동자는 자신이 일한 만큼 받고, 자본가는 회사의 소유자로서 정당한 몫인 이윤을 가져간다고 여긴다. 농노나 소작인이 양반 혹은 귀족에게 착취당하고 수탈당하면서도 신분제 질서를 내면화 및 내재화해서 당연하게 여기듯 말이다. 과거에는 종교나 신화가 착취와 수탈을 정당화하는 이데올로기적 기능을 했다면 현대 자본주의에서는 자본가의 사적 소유권을 정당화하고 강제하는 경제학 이론 및 법과 제도들이 그 역할을 한다. 교육 기관과 미디어는 종교적 교리를 주입하듯 자본가 계급의 입맛에 맞는 내용을 반복적으로 세뇌시킨다.

자본주의를 옹호하는 측에서는 자본가가 이윤을 취득하는 명분을 이렇게 설명한다. 회사나 공장을 설립하기 위해 자본가가 투자한 '자본의 대가'라고 말이다. 회사를 설립하는 데에 자본가 개인의 돈이 들어갔으니 이윤을 가져갈 권한 또한 있다는 얘기다. 대부분 이것을 자연스럽게 여긴다. 하지만 우리는 중요한 사실을 잊고 있다. 노예제 사회의 논리에서는 노예를 부리는 게 당연했다. 신분제 사회에서는 귀족과 평민을 나누는 게 하등 이상할 게 없었다. 그러니 자본주의 사회를 객관적으로 판단하기 위해서는 자본주의 논리라는 지적 감옥의 바깥으로 탈주해야 한다.

이제 마르크스의 논리로 상황을 재해석해보자. 자본가는 자본을 댔으니 이윤을 전부 가져가는 것이 당연한 걸까? 예컨대 내가 A라는 회사를 소유한 자본가다. A를 운영하며 노동자에게 임금을 지급하고 이런저런 비용을 제하고 남은 돈이 내 몫의 이윤이다. 운영이 잘되어 이윤 적립금이 순식간에 불어나고, 그 돈으로 회사 B를 새로 설립했다고 하자. 이제 B에서 발생하는 이윤 또한 전적으로 내 몫이다. 왜냐면 회사 A에서 번 '내 돈'으로 회사 B를 세웠으니까.

그런데 한번 곰곰이 따져보자. B를 설립하는 데 사용한 자금은 A에서 벌어들인 이윤인데 앞서 마르크스의 분석에 의하면 이윤은 노동자가 자신이 받은 임금보다 더 많이 일하고 그 부분을 자본가가 취득해서 발생한 것이다. 요컨대 회사 A에서 취득한 이윤은 순전히 자본가의 노력과 능력에 의해서 발생한 게 아니라는 의미다. 내가 회사 B를 설립할 수 있었던 것은 회사 A의 노동자를 착취할 수 있었기 때문이다.

자본가가 투자했다는 자금의 형성 과정을 소급해 분석하면 이윤은 자본가 혼자 잘나서 번 돈이 아니라 타인의 노동이 축적된 결과물이다. 다만 그것이 사적 소유권이라는 현대판 신분제를 통해 자본가에게 '합법적으로' 귀속됐을 뿐이다. 이러한 아이디어를 확장해보면 세상에 존재하는 모든 형태의 부는 공동체 구성원이 함께 이룬 사회적 성과물이라는 얘기가 성립된다. 한 개인이 뛰어난 지식과 역량으로 놀라운 혁신을 낳는 사례도 있지 않냐고? 그 대단하다는 개인이 가진 지식 대부분은 과거 수많은 사람이 쌓아 올린 지식의 탑에 크게 빚지고 있다. 내 머릿속 지식 중에서 과거 사람들의 열정, 노력과 헌신이 없어도 알 수 있는 것이 과연 얼마나 될까.

요컨대 자본주의는 사회적 협업의 성과물을 소수 자본

가에게 몰아주는 불평등한 시스템이며, 이 불평등의 명분과 구실로 사적 소유권이 기능하고 있다. 회사나 공장의 소유자임을 법적으로 인정받게 되면 그는 노동자에 대한 합법적 착취 면허를 취득하는 셈이다. 그러니 자본가 계급이 사적 소유권을 신줏단지처럼 여기는 건 필연적이다. 그 옛적 귀족들이 신분제를 자신들의 생명선으로 여겼듯 말이다. 공동으로 일군 재산임에도 불구하고 사적 소유권만 있으면 마술처럼 자기만의 것이 되니까.

여담이지만 그런 맥락에서 본다면 노동자의 임금 인상 요구는 돈 더 달라고 생떼를 쓰는 것이 아니다. 자본가에게 착취당하고 빼앗긴 것의 일부분이라도 되찾아오려는 행동이다. 물론 자본가의 회계 장부에서 임금은 비용으로 분류되고 자본가는 이윤 극대화를 위해서 가능한 한 임금 인상을 억누르려 한다. 하지만 그것은 자본가의 사정일 뿐 노동자에게 임금은 어떻게든 늘려야 할 생존 비용이다. 왜 노동자가 자본가의 눈으로 세상을 봐야 하나? 평민이 양반의 시각으로 세상을 본다면, 지배당하고 착취당하는 삶을 벗어날 수 없을 것이다. 이것이 노동자가 임금의 의미를 정확하게 알아야 할 이유다.

자본가의 손에 핸들이 있는 한
언제나 목적지는 같다

자본가의 권력을 정당화하는 중요한 법적 장치가 사적 소유권이라고 앞서 언급했다. 공장이나 회사가 특정인의 소유임이 인정되면 그는 노동자가 지니지 못한 특권을 합법적으로 행사한다. 그러므로 사적 소유권은 현대 사회에서 사실상 신분제의 기능을 하고 있다. 이런 얘기를 하면 불편한 내색을 하며 다음과 같이 반박하는 이들이 종종 있다. 자본가가 감내해야 하는 어려움도 있다고, 직원 월급 꼬박꼬박 챙기는 게 쉬운 일인 줄 아느냐고, 사업 실패의 위험 부담은 온전히 자본가의 몫이지 않냐고 말이다.

물론 그런 어려움이 있다는 것을 안다. 하지만 그렇게 따지자면 옛날 옛적 왕과 귀족들도 적지 않은 노력을 기울였다. 비가 오지 않아 농사를 짓기 어려워지면 이 모든 게 과인이 부덕한 탓이라며 성심성의껏 제사 지내고, 자연재해나 재난 등으로 어려움을 겪는 백성들을 위해 구휼 사업을 벌였다. 권력 다툼과 당파 싸움에서 패배하면 심한 경우 일가친척이 몰살당하기도 했는데 이 또한 엄청난 위험 부담 아닌가. 그렇다고 해서 이런 것들이 봉건적 신분 제도를 옹호할 이유가 되지 못함은 상식이다. 마찬가지다. 자본가만의 어려움이 있다고 해서 착취 시스템의 불합리함과 부조리함을 정당화할 수는 없다.

자본주의 시스템의 근본적인 문제는 생산 활동 일체가 이윤 극대화라는 지상 목표에 종속된다는 데에 있다. 자본가는 이윤을 극대화하기 위해 노동력과 생산 수단을 활용하는데 그 과정에서 노동자에 대한 과도한 착취와 무분별한 환경 파괴가 자행되기 일쑤다.

자본가가 이윤을 추구하는 것이 뭐가 나쁘냐고, 기업에 이윤이 나야 경제가 돌아갈 수 있는데 도대체 어쩌라는 거냐고? 정말 이윤을 나지 않으면 재화나 서비스의 생산이 불가능할까? 우리가 무인도에 표류했다고 치자. 거기에서도 안정된 거주를 확보하려면 집을 지어야 한다. 사람들이 무인도에서 힘을 모아 통나무집을 지을 때 굳이 이윤을 계산하지는 않는다. 그저 살기 좋게 지으면 그만이다. 먹고살아야 하니 농사도 지어야겠지. 씨를 뿌리고 거름을 주고 추수할 때 이윤이 얼마나 나올지 계산할까? 전혀 그럴 필요가 없다. 필요한 만큼 식량을 확보하면 그만이다. 이렇듯 이윤이 나지 않아도 얼마든지 생산 활동은 가능하다. 우리는 이윤 지상 시스템에 길들어져 그렇게 생각할 뿐이다. 양반과 상놈의 구분이 있어야만 사회가 원활하게 운영될 수 있다고 생각했던 조선 시대처럼 말이다.

자본주의 사회의 만연한 실업 문제 또한 맹목적인 이윤 추구와 연관되어 있다. 자본가는 이윤이 기대될 때만 노동자를 고용한다. 만약 노동자 한 명을 고용하는데 매달 100만 원이 든다면 그 인건비를 지불하고도 추가로 돈을 벌 수 있겠다는 판단이 들어야 채용한다는 얘기다. 그러므로 이 사회에서 실업자가 되는 건 개인이 게으르고 무능력해서가 아니다. 단지 자본가의 이윤 추구에 도움이 되지 않기 때문이다.

자본가로서는 노동자를 추가로 고용하지 않는 게 지극히 합리적인 판단이겠지만 국가 공동체 차원에서 보면 엄청난 비효율이자 손실이다. 개별 자본가의 돈벌이에 도움이 되지 않는다는 이유만으로 어마어마한 인구가 무위도식하게 되니 말이다. 사정이 이러함에도 불구하고 경제 영역에서의 중요한 결정을 자본가의 이윤 추구욕에만 전적으로 의존해야 할 이유가 있을까?

사회주의 사상가들은 자본주의 사회에서 발생하는 제반 문제가 공장이나 회사 같은 생산 수단을 자본가가 독점적으로 소유하고 통제하기 때문에 발생한다고 보았다. 이러한 문제를 해결하기 위해서는 생산 수단에 대한 자본가의 독점적 소유를 근절하고 공동체가 공동으로 소유해서 공익에 기반해 운영해야 한다고 주장한다. 앞서 언급했다시피 사회에 존재하는 부의 대부분은 공동체 구성원이 지식과 지혜를 공유하고 협업해서 이룬 성과다. 따라서 생산수단을 사회 구성원 공동의 소유로 전환하는 것은 자본가의 것을 빼앗는 것이 아니라 오히려 그 본래의 성격에 맞는 자리로 회복하는 조치다.

사회주의 기업의 운영 목표는 이윤 추구가 아니다. 사회 구성원에게 필요한 재화 및 서비스를 제때 공급하는 것이다. (민간보험회사 말고) 국민건강보험공단 같은 공기업을 떠올리면 이해가 쉽겠다. 국민건강보험공단은 수많은 사람이 일하는 거대 기업이다. 하지만 공단의 목적은 이윤 추구가 아니다. 국민 누구나 차별 없이 적절한 의료 서비스를 받을 수 있도록 공공 보험을 제공해 국민 건강을 증진하는 것이 최우선 과제다. 그 목표를 위해서라면 상황에 따라 일시적으로 적자를 감수할 수도 있다. 수익이 공단의 목표가 아니기 때문이다.

(사립학교 말고) 국공립학교의 목표 역시 이윤 추구가 아니다. 국민 누구에게나 적절한 교육 서비스를 제공하는 게

주된 목적이다. 학교에 가면 훈련된 교사가 학생을 성심껏 가르치며 점심 식사로 급식이 제공된다. 아이들은 사회생활을 하는 데에 필요한 지식을 얻으며 공동체에 대한 소속감을 키워나간다. 이러한 서비스는 국민이 납부한 세금을 재원으로 공익을 위해 운영된다.

코로나 감염병 대응 방식 또한 철저하게 사회주의식이었다. 국민 누구나 무료로 검사와 치료를 받을 수 있었으며 공공 기관이 적극적으로 나서서 예방, 치료, 방역에 최선의 노력을 기울였다.

우리는 자본주의 사회에 살고 있지만 국가가 제공하는 보편적 공공 서비스를 통해 사회주의를 조금이나마 경험하고 있다. 의료와 교육, 그리고 감염병 대응 같은 것조차 완전히 사기업에 맡겨진 극단적 자본주의 사회를 떠올려 보라. 당신은 과연 그러한 사회를 원하는가? 대다수 국민이 공공 서비스의 혜택을 누리고 있으면서도, 심지어 그러한 복지 시스템이 더 확대되기를 바라면서도 사회주의에 대해서는 색안경을 끼고 본다. 참으로 안타까운 일이다.

국가의 사회주의 성격이 강화될수록 공공 서비스와 복지 시스템이 확대되며 공기업이 재화와 서비스의 생산과 유통에서 더 많은 영역을 담당한다. 그 결과, 대한민국 국민이라면 누구나 생존에 필요한 기본적인 재화와 서비스를 무상 제공받을 수 있게 된다. 자연스럽게 공무원 일자리도 늘어난다.

물론 의료와 교육을 민영화해서 돈벌이의 대상으로 삼고 싶은 자본가들, 터무니없이 높은 가격으로 아파트를 분양해 어마어마한 초과 이득을 누리고 싶은 건설업자들에게는 악몽과도 같은 일일 것이다. 그들은 가능한 모든 수단을 동원해 사회주의를 악마화한다. 자신들만의 천국을 확대 재생산하기 위해서 말이다.

자본주의 기업은 소유권자인 자본가가 이윤 추구를 목적으로 사업 계획을 세우고 고용한 노동자에게 상명하달식으로 업무를 지시한다. 그런 의미에서 철저한 독재 시스템이다. 초등학교 반장도 투표로 뽑는 세상이지만 사장을 노동자의 투표로 뽑는 일은 상상하기 어렵지 않은가. 그만큼 자본주의 시스템은 민주주의와는 거리가 멀다.

반면 사회주의 기업은 공공재이기 때문에 특정인이 전횡하며 내키는 대로 운영할 수 없다. 국민건강보험공단이나 국공립학교가 운영되는 방식을 보라. 국민에 의해 선출된 국회의원 혹은 지방의원이 해당 기관이 제출한 예산안과 운영 계획을 철저하게 검토해 승인 여부를 결정한다. 사회의 민주적 분위기가 발전하고 성숙할수록 공기업의 내부 정보는 투명하게 공개되며 공공서비스와 연관된 다양한 이해 당사자가 예산 및 운영 계획에 의견을 개진하고 의사 결정에 참여할 수 있다.

자본주의 기업에서는 가능하지 않은 일이다. 기업이야말로 상명하달식 군대와 가장 유사한 조직체이기 때문이다. 군주국의 백성들이 그저 왕이 어질고 현명하기만을 바라는 것처럼 노동자는 그저 자본가가 양심적이기만을 바랄 뿐이다. 그런 맥락에서 보았을 때 현대 사회에서 가장 비민주적이며 전근대적인 영역이 바로 자본주의식으로 운영되는 기업이다.

"우리 아버지가 직원을 착취하고 있는 건가요?"

"아버지가 회사를 운영하고 계세요. 그러니까 자본가인데요. 마음이 복잡하네요. 우리 아버지가 직원들을 착취하고 있는 건가요?"

간혹 이런 질문을 만나기도 한다. 자본가가 회사를 운영하면서 벌어들이는 이윤이 노동자의 빼앗긴 시간, 즉 '착취'에서 나온다는 게 《자본론》의 핵심 내용이니까. 그 분석대로면 아버지가 직원을 착취한다는 얘기이니 마음이 복잡할 수밖에.

물론 《자본론》을 오로지 자본주의 체제에 대한 연구서로 받아들인다면 착취라는 단어를 가치 중립적 개념어로 이해할 여지도 있겠다. 하지만 그런 여유와 넉넉함은 자본가라는 존재가 제삼자일 경우에나 가능하다. 부모가 자본가인데? 일단 통념적으로 착취라는 단어의 어감이 상당히 부정적이라 부모 보고 몹쓸 사람이라고 하는 것 같아 기분이 좋을 수 없다. 그런 이에게 "맞습니다. 당신의 아버지는 직원들을 착취하고 있습니다"라고 답할 수는 없는 노릇이다.

나는 사회주의자로서 노동 착취, 빈부 격차, 환경 파괴,

온갖 차별과 불평등을 초래하는 자본주의 시스템에 근본적인 문제 의식과 회의감을 가지고 있다. 자본주의의 한계와 오류를 극복하고 인류 사회를 더욱 평등하고 평화롭고 생태적으로 만들기 위해서는 사회주의로 나아가야 한다고 생각한다. 이 이상을 현실화하기 위해 맨땅에 헤딩하는 심정으로 노력하고 있다. 하지만 그렇다고 해서 자본가 개인을 혐오하지는 않는다.

내 친구나 지인 중에도 회사를 운영하는 자본가가 있다. 그들에게 어떻게 노동자를 착취하며 사냐고 비판하지 않는다. 솔직히 사업해서 돈 버는 게 만만한 일이라면 누구나 하려고 하겠지. 그게 어디 쉬운 일인가. 잘되면 큰돈을 벌기도 하지만 상황이 어려워지면 직원들 월급 마련도 버거워 전전긍긍하며 빚을 지기도 한다.

역사적 관점에서 따져보자. 먼 조상들이 살던 시대는 지금보다 훨씬 극심한 차별이 존재했다. 그렇다고 우리가 과거의 왕이나 정승, 양반을 싸잡아 몹쓸 인간이라고 욕하는가? 어떤 역사가가 그렇게 말한다면 편협함과 일차원적 식견 탓에 매서운 비판을 피하기 어려울 것이다. 왕이나 정승, 양반 중에서도 공동체 성원이 두루두루 풍요롭고 행복하게 살도록 능력과 노력을 아끼지 않은 이들이 있었으며, 그들은 수백 년이 지난 지금에서도 사람들의 입에 오르내리며 칭송받는다.

나는 미래지향적 사회주의자이지만 어쨌든 자본주의라는 현실의 중력장 안에 발 딛고 산다. 더군다나 내가 극복하려는 것은 불평등과 차별을 양산하는 시스템 그 자체이지 특정한 자본가 개인이 아니다. 현재의 잣대로 과거의 인물을 멋대로 재단할 수 없듯이 아직 다가오지 않은 미래(사회주의)의 잣대로 애먼 자본가 개인을 비난할 수는 없다(물론 못된 자본가는 예외다). 그 옛적 왕도 폭군과 성군으로 나뉘듯이 현대의 자본가 중에도 상대적으로 나은 자본가와 못된 자본가가 존재하지 않겠는가.

그렇다면 자본가들이 윤리적이고 사회적 책임을 다할 수 있는 사회 분위기와 문화를 조성하면 자본주의가 건전하게 돌아갈 수 있는 것 아니냐는 주장이 나올 수도 있겠다만 그것은 번지수가 완전히 잘못된 생각이다. 좋은 왕이 나올 수 있도록 사회 분위기와 문화를 조성하면 신분제 사회가 잘 운영될 수 있으니 다시 신분제 사회를 돌아가자고 누군가 주장했다 치자. 얼마나 허무맹랑하고 어처구니없는 얘기이겠는가.

내가 자본주의를 극복의 대상으로 삼고 사회주의를 지향하는 이유는 그게 인류가 더욱 민주적인 사회로 나아가는 방향이기 때문이다. 왕이 성군인지 폭군인지에 따라 사회의 거대한 영역이 좌지우지되는 게 바람직하지 않듯이 소수의 독점 자본가가 사회적 재원의 상당 부분을 배타적으로 통제하며 나라 경제를 좌지우지하는 상황을 민주주의라고 부를 수는 없다. 온갖 미사여구로 그 본질을 가린다 한들 자본주의란 결국 대다수 노동자를 소수 자본가의 지배하에 두는 경제적 독재 시스템일 뿐이다.

천하의 토지가 왕의 소유물이고 천하의 신하가 왕의 신하라는 왕토사상이 왕의 특권을 정당화하는 데에 동원됐듯이 공장과 회사가 자본가의 소유물이라는 자본주의적 소유권 사상이 자본가 계급의 지배를 정당화하고 있을 뿐이다. 우리가 역사를 공부하는 것은 과거로부터 교훈을 얻기 위해서인데 어쩐지 현실 자본주의에서만은 그 교훈들이 적용되지 않는 것 같다.

오래전 어느 자본가와 다음과 같은 통화를 했던 기억이 난다.

“안녕하세요. 임승수 작가님. 쓰신 책을 정말 인상 깊게 읽었습니다.”

“아이고! 읽어주시니 제가 감사하지요.”

“저는 중소기업을 운영하고 있는 사람인데요. 지역 중소기업 사장들 모임에 작가님을 초청해 강의를 듣고 싶습니다.”

“괜찮을까요? 아시겠지만 아무래도 듣다가 불편하실 것 같아서요.”

“네. 알고 있습니다. 하지만 저는 사장들도 이런 사실을 깨닫고 의식을 바꿔야 한다고 생각합니다. 그래야 우리 사회가 더 나아지지요. 괜찮으시다면 일단 말씀드린 날짜에 일정 비워주세요. 내부에서 논의하고 다시 연락드리겠습니다.”

열정과 확신에 찬 목소리가 인상적이어서 오래된 일인데도 또렷이 기억한다. 안타깝게도 강의는 추진되지 못했다. 생각보다 반대가 심해 어려움이 있었다며 전화로 미안해하는데 불편해하는 것이 당연하니 너무 낙심하지 마시라고 오히려 내 쪽에서 위로를 건넸다. 빤히 예상되는 반대를 감수하고 그런 제안을 한 게 무엇보다도 대단하다고 생각했다. 과연 나라면 그렇게 할 수 있었을까? 혹시라도 강의가 성사되었다면 나는 무슨 얘기를 했을까? 상대가 기분 상하지 않고 들을 거라는 확신이 있다면 다음 같은 얘기들을 쏟아냈을지도 모르겠다.

"자본가에게 축적되는 부는 절대로 자본가 개인의 능력 때문만이 아님을 유념하시기 바랍니다. 여러분이 거둬들인 부는, 자본주의라는 불평등한 시스템이 부여한 '합법적' 착취 면허 덕택일 뿐입니다. 그러니 가능한 한 직원들과 회사의 성과를 일정 부분 공유하도록 노력하십시오."

"노동자에게 주인처럼 일하기를 기대하지 마세요. 그들도 자기 소유의 가게에서 일한다면 누가 시키지 않아도 주인처럼 일합니다. 자기 일처럼 열심히 일하기를 원한다면 회사 지분을 나눠주세요. 하지만 그러지 않을 거잖아요? 그러니 무리한 기대는 금물입니다."

"월급 주는 걸 아까워하지 마세요. 노동자는 대체로 자신이 회사에 기여한 것보다 적게 가져가고 그들이 적게 받는 만큼 당신의 이윤이 늘어나는 겁니다. 만약 노동자가 일한 만큼 받는다면 자본가는 지금 정도로 부자가 될 수는 없어요. 사장이 직원들 먹여 살리는 게 아니고 직원들이 사장 먹여 살리는 것입니다. 고맙고 미안한 일 아닌가요?"

하지만 어느덧 이런 얘기를 듣고 기분이 상하지 않을 자본가는 세상에 존재하지 않음을 너무나 잘 아는 나이가 되었다. 알다시피 메시지의 수용자가 기분이 상하면 아무리 좋은 얘기를 해도 제대로 전달되지 않는다. 누군가 답답한 얼굴로 "우리 아버지가 직원들을 착취하고 있다는 건가요?"라고 묻는다면 지금의 나는 아마 이렇게 대답하겠지.

"마르크스의 분석이 그렇다는 거죠. 너무 부담 느끼지 마시고 경제학 고전 강의 잘 들었다고 편하게 생각해주세요. 직원분들에게 제때 꼬박꼬박 월급 넣어주시고, 소중하게 대해주시잖아요? 그러면 훌륭하신 거죠. 현실에서는 그렇게 안 하는 분들도 많으니까요."

계급배반투표와 자존감의 상관관계

선거에서 자신이 속한 계급 계층의 이익을 대변하는 후보 혹은 정당에 투표하는 행위를 계급투표라고 한다. 예컨대 자본가라면 법인세 인하, 노동 시장 규제 철폐 등을 내세우는 정당에 투표하는 것, 노동자 서민이라면 보편적 복지를 확대하고 노동 착취를 근절시키겠다는 정당을 지지하는 것이 계급투표일 테다.

온전한 계급투표가 이루어진다면 세상은 어떻게 변할까? 매우 간단한 산수 문제다. 자본가, 고위 관료, 전문직 종사자의 수보다 노동자, 농민, 소상공인의 수가 훨씬 많으니까 각자가 자신의 이익을 잘 헤아려 정확하게 투표한다면 노동자 계급의 정당이 집권하는 것은 명약관화하다.

그러나 현실은 어떠한가? 투표로 선출된 대통령, 국회의원, 기초단체장, 지방의원의 면면을 보면 이것은 '계급배반투표'에 가깝다. 대부분의 선거에서 보수 양당의 후보들이 번갈아 선출되는데, 정도의 차이는 있으나 대체로 자본가 계급의 이익을 대변한다. 이 때문에 평등한 세상을 지향하며 노동자, 농민, 소상공인의 이해와 요구를 대변하려 노력하는 진보 정당은 선거 때마다 초라한 득표에 번번이 좌절한다.

계급배반투표의 원인은 무엇일까? 영호남 지역 감정, 편파적이고 불공정한 언론 환경, 자본주의 옹호 일변도인 제도권 교육, 정치 세력과 정당에 대한 정보와 이해 부족, 보수적인 종교계가 신도에게 미치는 영향, 낙선이 예상되는 후보에 대한 지지를 꺼리는 사표 심리 등 인간과 사회가 복잡한 만큼이나 다양한 견해와 분석이 존재한다. 굳이 본질과 비본질을 나누겠다고 엄격한 잣대를 대지 않는다면 언급된 요인들이 모두 일정 수준으로 현상에 기여(?)하고 있다는 점에는 누구나 공감할 것이다.

그나저나 최근에는 기득권 보수 양당 체제에 내로남불 팬덤 정치까지 더해지면서 정치판이 그야말로 난장판이 되었다. 정당과 정치인의 행보에 대한 파렴치한 이중 잣대가 난무하며 정치 문화가 합리성과 상식이라고는 찾아볼 수 없는 천박한 수준이다. 이 요지경 상황을 눈앞에 두고 문득 '자존감'이라는 키워드가 머리를 스쳤다. 아마도 팬덤이라는 용어 때문인 것 같다.

심리학자들은 극심한 팬덤 현상의 원인을 당사자의 자존감 부족과 연결해 해석하기도 한다. 아이돌, 스포츠팀, 연예인, 정치인 등에 대한 강렬한 팬덤에는 대상을 자신과 동일시하는 심리가 존재한다. 그들의 성공을 통해 대리 만족과 대리 성취감을 얻고 낮은 자존감을 보상받는 것이다. 물론 모든 팬덤이 다 이런 건 아니다. 그러나 적어도 정도가 지나친 팬덤의 배후에는 이러한 심리가 상당히 깔려 있음을 부인하기는 어렵다.

알다시피 자존감은 내가 남보다 우월해서 자신을 좋아하는 감정이 아니다. 타인과 비교 없이 있는 그대로의 나 자신을 소중하게 여기고 사랑하며 존중하는 감정이다. 노동자, 농민, 소상공인이 자신들과 비슷한 구석도 없고 친분도 없으며 자신들의 이익을 옹호하지도 않는 법조인, 전문직, 교수, 기업인에게 투표를 행사하고 그들의 팬이 되어 보수 양당 정치에 휘둘리는 것은 혹 자신이 저들보다 열등한 존재라고 생각하기 때문이 아닐까. 부족한 자존감에 대한 보상을 얻기 위해서 우월하다고 여기는 대상과 자신을 심리적으로 동일시하고, 그들의 성공은 자신의 성공이며 그들에 대한 공격은 자신에 대한 공격으로 여겨 합리적 판단으로부터 점점 멀어지게 된 것은 아닐까? 이러한 계급배반적 팬덤 정치는 결국 부메랑이 되어서 노동자 계급의 이익을 해치는 결과로 돌아온다.

문득 유명한 시 한 편이 떠오른다.

역사책 읽는 노동자의 의문

베르톨트 브레히트*

일곱 개의 성문을 가진 테베를 누가 건설했는가?
책에는 왕의 이름들만 적혀 있다.
왕들이 울퉁불퉁한 돌덩어리를 직접 날랐는가?
그리고 수없이 파괴되었던 바빌론
그때마다 그 도시를 누가 재건했는가?
황금으로 빛나는 리마의 건설 노동자들은
어떤 집에 살았는가?
만리장성이 완성된 날 저녁
석공들은 어디로 갔는가?
위대한 로마 제국에는 승리의 개선문들로 가득하다.
누가 그것들을 세웠는가?
로마의 황제들은 누구를 딛고 승리를 거뒀는가?

* 류시화 번역

끝없이 칭송되는 비잔티움 제국에는 궁전들만 있었는가?

전설의 대륙 아틀란티스에서조차

바다가 그곳을 집어삼키는 밤에 사람들은

물에 빠져 죽어 가면서 그들의 노예를 애타게 불렀다고 한다.

젊은 알렉산더는 인도를 정복했다.

그 혼자서?

카이사르는 갈리아인들을 물리쳤다.

적어도 취사병 한 명은 데려가지 않았을까?

스페인의 필립 황제는 자신의 함대가 침몰하자 울었다.

그 혼자 울었을까?

프리드리히 2세는 7년 전쟁에서 승리했다.

그 혼자 승리했을까?

모든 페이지마다 승리가 적혀 있다.

누구의 돈으로 승리의 잔치가 열렸을까?

십 년마다 위대한 인물이 나타났다.

그 비용은 누가 부담했을까?

너무도 많은 목록들.

너무도 많은 의문들.

이 세상에 존재하는 재화나 서비스 대부분을 생산하고 유통하는 역량을 가진 이들이 한 줌도 안 되는 소수 기득권층에게 휘둘릴 이유가 뭐가 있단 말인가. 스스로 존중받아야 할 소중한 존재라고 생각한다면 굳이 나와 확연히 다른 계급적 위치에 있는 사람을 추앙하며 대표자로 선출하다가 매번 뒤통수 맞고 살 이유는 없을 것이다.

뒤집어 생각해보면 지배 계급 입장에서는 피지배 계급의 자존감이 낮아야 자신들에게 유리하다는 이야기가 성립된다. 노예가 주인에게, 평민이 귀족에게 자발적으로 복종하는 심리의 기저에는 내가 저들보다 열등하다는 허위의식, 즉 '낮은 자존감'이 존재하기 때문이다.

비록 지금은 저들의 폭력과 억압으로 자세를 낮추고 있지만 나는 원래 저들과 다를 바 없는 동등한 존재라는 자각(자존감)이 있다면 자발적인 복종으로까지 이어지지는 않는다. 지배 계급은 신화나 종교, 교육 등의 장치를 통해 피지배 계급에게 낮은 자존감을 심어주기 위해 온갖 노력을 다해왔다. 자신들은 조상이 알에서 태어났다는 둥, 신의 자손이라는 둥 말도 안 되는 거짓말을 지어내면서 말이다.

오해가 없기를 바란다. 이 상황이 다 자존감이 낮은 네 탓이라는 의미가 아니다. 태어나서 죽을 때까지 언론과 교육을 통해 자행되는 자본주의식 가스라이팅에 노출되는데 노동자가 정상적인 자존감을 유지하는 것이 오히려 난망한 일 아니겠는가. 그러함에도 불구하고 노동 대중이 끝끝내 낮은 자존감 상태에만 머문다면 그 어떤 변화도 일어날 수 없음은 자명하다.

결국 계급투표와 사회 진보의 가능성은 착취당하고 수탈당하고 억압받는 이들이 자신은 이렇게 취급당할 존재가 아님을 스스로 깨닫고 자존감을 회복해나가며 단결과 연대를 공고히 할 때 움트기 시작할 것이다. 그런 의미에서 노동 대중의 자존감 회복은 세상을 변혁하는 과정에서 간과할 수 없는 중요 과제라는 생각이 들었다. 자기 자신조차 사랑하고 아끼지 못하는데 어찌 타인에게 존중받을 수 있겠는가! 그 어느 때보다도 노동자의 철학이 시급한 이유다.

국가보안법 에피소드 엮음

언젠가 공무원노조 조합원을 대상으로 강의를 하러 갔는데 한 나이 지긋한 노조 간부가 인사하며 다가오더니 말을 건넸다.

"제가 국가보안법 위반 혐의로 지금 재판받고 있는데요. 희대의 악법으로 재판받는 것도 억울한데 더 황당한 일이 있어요."

"무슨 일이 있나요?"

"검사가 저의 유죄를 주장하면서 압수해서 제시한 증거물 중에 작가님이 쓴 책《원숭이도 이해하는 자본론》이 있어요."

"헉! 어떻게 그런 일이? 그 책은 서점에서 버젓이 팔리고 있는 데다가 여러 곳에서 추천 도서로 선정됐는데요."

"그러니까 말이에요. 저로서는 더 이해가 안 되는 게 그 책을 쓴 사람은 벌건 대낮에 이렇게 버젓이 강의하러 돌아다니는데 정작 그 책 읽은 사람이 국가보안법 위반으로 재판받고 있으니, 이 얼마나 황당합니까!"

그의 마지막 말에는 진심으로 억울하다는 감정이 진득하게 묻어 있었다. 내가 당장 구속되어 감옥이라도 가줘야 그나마 마음이 풀릴 것 같은 기세였으니 말이다.

이런 어처구니없는 일이 또 있었다. 2015년에 국가보안법 위반 혐의로 구속된 한 학생 운동가 소식이 오마이뉴스(2015년 5월 13일 기사)에 실렸는데 그 내용 일부를 아래에 옮긴다.

> 검찰이 주장하는 구속사유에 대해서도 비판이 일 것으로 보인다. 검찰은 '《원숭이도 이해하는 자본론》을 교재로 사상학습을 전개했다'는 입장이다. 하지만 이 책은 국내 대표 온라인서점에서 '올해의 책' 후보로 오를 만큼 우수교양도서로 평가받고 있다. 이 책의 저자 임승수 씨는 "이 책으로 대학에서 강의를 하고 있다"라면서 "책을 쓴 사람은 버젓이 자유롭게 다니고 있는데 이 책을 읽고 토론했다는 것이 국가보안법 위반이라는 것을 누가 납득하겠느냐"라고 검찰을 비판했다. 이어 임 씨는 "공안당국이 최소한 이 같은 주장을 하려면 책부터 읽어야 할 것"이라면서 "이 일은 대한민국의 코미디이고 원숭이도 웃을 일"이라고 말했다.

쌍팔년도도 아니고 공안 검사가 자본주의 해설서 읽은 사람을 죄다 국가보안법 위반자로 여기는 건 아닐 것이다. 공안 검사의 관점에서는 공무원노조 간부와 학생 운동가는 불온 세력이니까 어떻게든 국가보안법으로 엮어서 실적을 올리고 싶었을 텐데 하필이면 공안 검사의 주장을 뒷받침하는 증거물 중에 내 책이 있다는 게 참으로 기분 더러운 일이 아닐 수 없다. 의도치 않게 동지들에게 민폐를 끼친 것도 같고.

공안 기관과 관련해 좋지 않은 기억이 몇 가지 더 있다. 인터넷이 막 대중화되던 1998년의 일인데, 처음으로 개인 홈페이지를 만들면서 《공산당선언》 같은 마르크스와 엥겔스의 저작을 일일이 타이핑해서 자료실에 올렸다. 사람들이 마르크스의 사상을 접하고 의식이 깨어나면 사회가 더 나아지지 않을까 하는 순수한 마음의 발로였다. 닳고 닳은 중년의 속물 작가가 되어 입금이 예상되지 않으면 글이 한 줄도 안 나오는 지금의 나로서는 엄두조차 나지 않는 일이다.

당시 유일한 포털 사이트였던 야후 코리아에 홈페이지를 등록하니 매일 수백 명에 달하는 사람들이 방문하는 것 아닌가. 뜨거운 반응에 상당히 고무되었지만 실상은 금세 모습을 드러냈다. 학교 과제물 때문에 '마르크스'를 키워드로 검색하다가 방문했다며 숙제 답 좀 가르쳐달라는 게시물만 올라오는 것이다. 허탈하고 맥 빠지는 광경이었다. 중고생들 숙제 도와주려고 홈페이지를 운영하는 게 아닌데.

진짜로 숙제하려는 중고생이 대부분인지, 다른 목적으로 방문하는 사람도 있는지 궁금해서 홈페이지 서버에 방문자 IP 주소를 남기는 프로그램을 설치했다. IP 주소를 보면 방문자의 특성을 얼추 파악할 수 있겠다 싶어서였다. 다양한 분야의 사람들이 방문하고 있음을 IP 주소를 통해 확인할 수 있어서 그나마 마음을 놓았는데, 어느 날부터인가 상당히 신경 쓰이는 방문이 정기적으로 반복되는 것을 포착했다. 누군가 서울지방경찰청 IP로 매일 출근 도장을 찍는 것이다.

아침이면 어김없이 발자국을 남기는 서울지방경찰청 IP를 보며 '경찰도 의외로 마르크스에 관심이 많구나'라고 대수롭지 않게 여길 수만은 없었다. 마르크스의 저작을 소지 및 탐독했다는 이유로 잡혀갈 수도 있었던 시절이라 상당히 신경 쓰였다. 그나마 군사 독재 시절보다는 민주화되어서인지 홈페이지에 마르크스 저작을 올린 일로 국가보안법을 적용하는 일은 없었다. 하지만 공안 기관 관계자가 꾸준히 지켜본다는 느낌은 달갑지 않았다. 무엇보다도 감시의 눈초리는 인터넷을 넘어 현실 세계로까지 이어지고 있었다.

그때 나는 마르크스《자본론》학습 모임을 운영하고 있었는데 구성원은 대학생과 직장인이었다. 격주로 모여서 책을 읽고 의견을 나누는 전형적인 독서 모임이었다. 모임 장소는 당시 가입해 활동하던 민주노동당 금천구위원회 사무실이나 친분이 있는 사회 단체의 사무실 등을 빌려 사용했다.

하루는 모임 당일에 사정이 생겨 장소를 급히 변경했다. 갑작스럽게 벌어진 일이다 보니 게시판의 공지사항을 미처 수정하지 못하고 참가자에게 문자 메시지로만 바뀐 장소를 통보했다. 모임 시간이 되고 얼마 지나지 않아 갑자기 휴대폰으로 전화가 왔다.

"여보세요? 저 혹시 오늘 모임 장소가 바뀌었나요?"

"네. 사정이 생겨서 급하게 변경했어요. 그런데 누구신가요?"

“게시판 공지를 보고 참석하려는데 모임 장소에 아무도 없는 것 같아서요.”

말을 이어가려는데 갑자기 전화가 끊어져서 걸려온 전화번호로 다시 통화를 시도했지만 연결되지 않았다. 모르는 번호인 데다가 전혀 들어본 적 없는 무뚝뚝한 중년 사내 목소리였다. 뭔가 싸한 느낌이 왔다.

‘아! 감시하고 있었구나. 오늘도 여느 때처럼 모임을 감시하려다 사람들이 안 모이니까 당황해서 급한 마음에 직접 전화했구나.’

진짜로 모임에 참석하려던 사람일 수도 있는데 너무 예민한 것 아니냐고? 그렇게 생각하는 사람을 위해 빼도 박도 못하는 경험담을 하나 더 들려주련다.

2009년이나 2010년쯤으로 기억한다. 모르는 전화번호가 떠서 전화를 받으니 대뜸 젊은 남자가 다급하면서도 조심스러운 어조로 임승수 작가가 맞느냐고 물어본다. 자신은 군대 부사관인데 내가 쓴 책을 소지 및 탐독했다는 이유로 기무사에서 조사를 받고 있다는 것이다. 기무사가 어떤 곳인가! 엄연히 군 조직이면서도 진보 성향의 민간인을 불법으로 사찰하고 온갖 여론 조작과 정치 공작에 개입해 사회적 물의를 일으킨 바로 그곳 아닌가!

그 서슬이 퍼런 기무사의 관계자가 부사관에게 '너, 임승수와 무슨 관계냐? 솔직하게 불어!'라는 식으로 추궁하며 조사했다는 것이다. 그저 관심 있는 책이라 읽었을 뿐인데 너무나 황당했단다. 혹시라도 작가에게 피해가 가지는 않을까 걱정되어 출판사를 통해 내 연락처를 알아내어 공중전화로 연락했다는 것이다. 얘기를 들으며 갖가지 생각이 머릿속을 스쳤다.

'공중전화를 이용한 걸 보니 혹시 모를 감청을 피하려고 하는 것 같군. 그런데 혹시 이 부사관의 전화가 함정은 아닐까? 통화를 누군가가 엿듣고 있다면?'

난 그저 《자본론》 해설서를 썼을 뿐인데 왜 첩보 영화 주인공이나 할 법한 생각을 하고 있는가. 남과 북으로 분단된 민족의 비극은 일개 글쟁이의 삶도 비틀어놓는다. 어쨌든 누군가 통화를 엿들을 가능성을 배제하지 않고 조심스럽게 얘기를 나눴다. 나와 부사관은 전혀 모르는 사이인데도 이런 일이 벌어진 것이 매우 당혹스럽고 이해하기 힘들다는 내용의 대화를 이어나갔다. 물론 이것은 명백한 사실이지만 그러함에도 불구하고 혹 엿듣고 있을지 모를 그 누군가의 불필요한 의심을 사지 않도록 더욱 신경 써서 얘기했다.

통화를 끝낸 후 한동안 혼이 나간 듯 멍하니 있었다. 두근거리는 가슴이 진정될 즈음 본능적으로 이 사실을 지역의 민주노동당 선배들과 공유해야겠다는 생각이 들었다. 한 선배에게 전화를 걸어 자초지종을 설명하니 가만히 듣던 선배가 대뜸 말한다.

"승수야, 그런데 너랑 우리랑 정말 아무 관계도 없잖아, 그렇잖아?"

'어이쿠, 선배도 감청을 우려하고 있구나!'

이 선배는 자신이 소속된 노동 운동 단체가 국가보안법상 이적 단체로 지목되어 자신을 포함해 여러 회원이 구속된 경험이 있다. 조사받을 때 공안 기관에서 회원들의 통화를 감청한 사실을 알게 됐고, 그런 기억이 있다 보니 내가 전화로 기무사 관련 얘기를 털어놓는 게 이래저래 부담스러웠던 것 같았다. 그래서 혹시나 있을지 모를 감청을 우려해 의식적으로 방어 태세를 취했겠지. 이런 내 판단이 맞는 건지 틀린 건지 모르겠지만 당시 상황이 떠오르니 오래된 일임에도 여전히 입맛이 쓰다. 그나저나 나에게 전화했던 부사관은 어떻게 지내고 있을까? 부디 평탄하게 잘 지내길 바랄 뿐이다.

돌이켜보면 이래저래 불쾌한 경험들이지만 그래도 공안 기관 종사자도 나름 직업인으로서 먹고살기 위해 열심히 일한다 싶어서 쥐새끼 눈곱만큼은 이해가 가는 측면이 있다. 하지만 2013년에 겪었던 그 일은 지금 생각해도 기가 차고 허탈하다.

때는 2013년 9월 6일 금요일, 경희대학교에서 2학기 첫 강의를 하는 날이었다. 2학점짜리 교양 과목인 〈자본주의 똑바로 알기〉으로 마르크스 자본론과 철학을 배우는 과목이었다. 강의실로 성큼성큼 걸어가는데 휴대전화가 울렸다. 대학교 관계자에게 온 전화였는데 내용인즉슨 어떤 학생이 나를 국가정보원에 신고했다는 것이다. 첫 강의를 하기도 전인데 수업도 안 듣고 도대체 왜 나를 신고했단 말인가.

상황을 파악해보니 일베로 추측되는 1학년 학생이 마르크스 관련 강의가 존재한다는 사실이 못마땅해 벌인 일이었다. 게다가 강사 임승수는 마르크스주의 책을 여러 권

썼고 민주노동당 간부 경력까지 있으니 이런 꼴도 보기 싫은 사람은 국가정보원에 신고해서 아예 강의를 못 하게 만들겠다는 심산이었던 것 같다. 국가정보원 사이트에 접속해 직접 신고하는 화면을 갈무리해서 총장실, 학장실, 행정실 등에 두루두루 메일로 보내면서 임승수가 우리 대학교에서 강의하도록 두어서는 안 된다고 항의했다고 한다.

처음에는 일베 학생과 국가정보원의 암묵적 연계 가능성도 생각해보았다. 학생이 신고하면 기다렸다는 듯 국가정보원이 조사에 들어가는 식의 콜라보 말이다. 하지만 아무리 생각해도 글 쓰고 강의하는 게 활동의 전부인 작가 나부랭이를 그렇게까지 무리해서 엮을 이유가 있을까 싶었다. 국가정보원도 이래저래 바쁠 텐데 나 같은 피라미 하나 손보겠다고 대학 신입생을 부추겨서 이런 일을 벌일까? 실적이라고 보고하기에도 민망할 텐데 말이다. 만에 하나 그런 계획이 있었다손 치더라도 다수의 언론사가 이 사건을 취재해서 기사가 쏟아지다 보니 섣불리 실행에 옮기기 어려운 상황이 되었다.

결국 별다른 일은 없었고 포털 사이트 메인 화면에 관련 기사들이 노출된 덕분에 예기치 않게 책 판매가 급상

승했다. 인생지사 새옹지마라더니 내 인생도 대체로 그러하다. 주변 사람들은 책 팔려고 꾸민 자작극 아니냐고 우스갯소리로 묻기도 했다. 다행스럽게도 가계 경제에 보탬이 되는 방식으로 마무리되긴 했지만 갓 대학에 입학한 학생이 어떤 사람을 국정원 신고 대상으로 봤다는 점에서 이 사건은 공안 기관의 감시와는 또 다른 느낌으로 다가왔다. 사회주의자로 살기로 한 이상 편견과 비난의 대상이 되는 것을 어느 정도 감수할 수밖에 없지만 솔직한 마음으로는 이런 일이 다시는 없기를 바랄 뿐이다. 개인으로서도 사회적으로도 너무나 암울한 일 아닌가.

비록 구부러질지언정 부러지지 않는 이유

2006년 30대 초반이었던 나는 지방 선거에서 민주노동당 소속으로 구의원 선거에 출마했다. 지금의 진보 정당 후보도 그렇지만 당시 민주노동당 소속으로 출마한다는 것은 이미 낙선이 예정되어 있다는 의미다. 그러함에도 불구하고 후보 대부분은 정치적 관심이 높아지는 선거 시기에 진보 정당의 목소리를 전하고 당의 지지율을 끌어올리겠다는 목적으로 선거에 나섰다.

당시 선거 포스터에 대문짝 만하게 '젊어서 좋다! 능력 있어 좋다!'라는 문구를 넣었다. 보수 양당의 후보가 나이 많은 건설업자, 지역 유지인 점을 겨냥한 차별화 전략이었다. 문구가 대중 추수적이고 몰계급적이라는 의견도 있었지만 계급성은 민주노동당의 후보라는 점에서 담보가 되니 유의미한 득표를 위해서는 이 선전 문구가 낫다는 쪽으로 정리됐다.

유의미한 득표, 정확히 얘기하면 10%를 넘는 득표가 필요했다. 선거에서 10~15%를 득표하면 선거 비용 절반을 보전받을 수 있기 때문이다. 재정이 어려운 민주노동당으로서는 후보가 두 자릿수 득표율을 기록하면 선거 비용 부담을 줄일 수 있다. 나를 포함한 모든 후보는 열심히 선거 운동을 해서 당도 알리고 10% 득표율을 넘겨 당의 재정적 부담도 덜겠다는 심정으로 열심히 동네를 누볐다. 한참 상가를 돌며 인사하다가 미용실을 방문해 미용사에게 명함을 건넸다. 후보로 나온 이유를 설명하고 지지를 부탁하니 다음과 같은 말이 돌아왔다.

"젊고 똑똑한 분 같은데 아쉽네요. 한나라당으로 나왔다면 제가 바로 찍어드릴 텐데요."

사실 이런 종류의 반응은 십여 년이 지난 지금도 여전하다. 내 책을 읽은 사람 중에는 너무 쉽고 재밌어서 큰 도움이 되었다며 다음과 같이 얘기하는 이가 종종 있다.

"이런 책 말고 부동산이나 주식, 코인 책을 써보세요. 이렇게 쉽고 재밌게 쓰면 완전 대박 터질 것 같은데요."

그래. 나도 안다. 아무리 마르크스주의, 사회주의 책을 기똥차게 쓰더라도 판매량에 한계가 있다는 사실을 말이다. 당장 진보 정당의 후보로 출마해봤자 선거에서 당선될 가능성은 매우 낮다는 사실을 말이다. 굳이 얘기하지 않더라도 뼈저리게 잘 알고 있다. 직접 해봤으니까! 인기를 얻는 방법 따위는 진작부터 알고 있다. 대중의 관심과 욕망이 집중된 분야에서 다수가 듣고 싶어 하는 얘기를 하면 된다. 예컨대 부동산이나 주식, 코인 열풍이 불고, 다수 대중이 재테크로 부자 되겠다는 희망에 부풀어 있는 오늘날 인기를 얻고 주목받는 방법은 간단하다. 작가라면 부동산교 신도가 듣고 싶어 하는 얘기로 책을 쓰고, 강사라면 주식이나 코인 대박 썰을 그럴싸하게 풀어내면 된다.

정치 또한 그러해서 국민의힘이나 민주당 같은 거대 양당 중 어느 한편에 서서 지지층의 구미에 맞는 얘기를 하면 된다. 자신의 얘기가 맞고 틀리고는 그다지 상관없다. 어차피 내로남불이 판치고 있지 않은가. 적당한 논리와 명분만 개발해서 지지자의 귀에 착 감기는 감언이설을 해줘라. 당신에게 열광할 것이다. 호감형의 외모에 글솜씨, 말솜씨까지 받쳐주면 금상첨화지.

교회 부흥회 같은 분위기에 취하다 보면 대중들이 '나'의 견해에 찬성하고 동조하고 있다는 식으로 본말이 전도된 권능감에 사로잡힌다. 사실은 우연히 혹은 의도적으로 그들이 듣기 원하는 말을 하고 있을 뿐인데 말이다. 어쨌든 인기를 얻는 게 목적인 사람에게는 나쁘지 않은 전략일 수 있다.

다만 이런 삶의 방식에는 부작용이 있다. 세상만사 고정불변인 게 어디 있겠는가. 예를 들어 부동산 가격이 급락하는 상황이 벌어져 더 이상 '부동산 천국, 불신 지옥' 같은 메시지로는 인기를 얻기 어려울 수도 있다. 몸담은 정당이 선거에 패배해 힘든 시기를 겪을 수도 있다. 바람에 휘날리는 가오리연처럼 인기에 편승했던 사람이라면 갑작스러운 환경 변화에 당혹스러울 것이다. 인기를 얻고 싶고 주목받고 싶고 권력을 가지고 싶은데 콘텐츠가 약발 다했으니 말이다. 그렇다고 갑자기 반대편으로 갈아타는 것도 쉽지 않다. 철새처럼 왔다 갔다 하는 부류를 좋게 볼 사람은 없기 때문이다. 드물게 갈아타기에 성공하는 이들도 있는데, 그 박쥐짓도 재능이라면 재능이다.

또 다른 부작용은 대중의 반응만 좇으며 살다 보면 자기 자신이 용해되어 사라진다는 점이다. 솔직히 그렇지 않은가. 다른 사람의 반응에만 촉각을 곤두세우는 삶, 그게 어떻게 주체적인 삶일 수 있겠는가. 인기를 얻을 때는 한없는 고양감에 취하다가 인기가 없어지면 열패감의 나락으로 추락한다. 타인의 반응에 이리저리 휘둘리다 보면 자기 내면의 목소리를 놓치게 되는데 이런 상태가 지속되면 정신적으로 건강한 삶을 유지하기 어렵다.

하지만 나에게는 이런 부작용들보다 더욱 근본적인 문제가 걸린다. 선택이란 행위가 대체로 그렇듯이 한쪽을 고르면 다른 쪽을 포기해야 한다. 자본주의 사회에서 돈과 인기를 얻는 쪽을 선택한다면 결국 사회주의자로서의 정체성을 포기해야 하는데 천칭 좌우에 놓고 양쪽의 무게를 달아보니 얻는 것에 비해 잃는 것이 너무나도 크다. 더 이상 '지금의 나'이기를 포기하라는 얘기 아닌가! 이건 너무 서글프고 잘못된 선택이 아닐 수 없다.

그 옛적 군사 독재 시절에는 사회주의자로서 신념을 지키기 위해서 목숨까지 걸어야 했다. 재물과 권력을 자신의 손아귀에 집중시키려는 독재자에게 평등 사회와 민중의 민주주의를 추구하는 사회주의자들은 누구보다도 껄끄럽고 불편한 존재였다. 한편으론 국가보안법을 들이밀며 분위기 쇄신용 마녀사냥의 대상으로 삼기도 좋았고.

비전향 장기수의 삶을 다룬 다큐멘터리 〈송환〉을 보면 독재 정권에 의해 구타와 물 고문을 당하며 사회주의를 포기하는 전향서를 쓰도록 강요당했던 이들의 인터뷰가 나온다.

"물고문을 들어갔어요. 아예 틀을 딱 만들어놨어요. 뒤로 수갑을 채운 채로 여기다 빗장을 딱 지르면 꼼짝을 할 수가 없어요. 그렇게 해놓고서는 얇은 수건을 (얼굴에) 대고서는 물을 갖다 부어요. 그러면 숨을 쉴 수가 없어요, 그냥. 아휴, 그냥 죽는 게 낫지 이건 못 하겠다. 딴 사람들은 오래 견디더만 나는 견디질 못 하겠어요, 그냥."

"나는 배우지도 못 하고 농민의 아들이고, 난 자부심이 오직 하나밖에 없었어요. 내가 옳은 것을 지키는 것! 이것 하나밖에 없었어요, 나는. 교도소 안에서 26년 살면서도 나는 이거 하나밖에 지킬 게 없다. 그런데 거기서 그렇게 꺾이는 바람에 (고문을 이기지 못하고 전향서 씀). 아니, 세상에 이렇게 강제로 고문을 해서 이렇게 머리를 돌린다는 게 이게 되느냐, 이게 진짜 전향이 되느냐. 참 한심하다."

"남이 다 하는 일(전향서 쓰는 것)을 네가 안 한다고 해서 누가 널 알아줄 거냐. 그럴 때 내 말은, 남이 알아주지 않으면 나 혼자만이라도 알아준다. 만일 자기조차도 자기를 알아주지 못한다면 서러워서 어찌 사니."

"이런 짓(고문)을 해가지고 오랫동안 형성된 정신 상태를 바꾼다는 것들은 그런 강요를 하는 몽둥이를 가진 사람들은 나보다 훨씬 뒤떨어진 사람들이여. 그러니까 나보다 뒤떨어진 사람들한테 내가 굴복할 수는 없죠."

독재 정권의 무자비한 탄압에도 끝내 지조를 지킨 선배들이 있었기에 후배인 나는 좀 더 민주화된 대한민국에서 사회주의자로서 활동할 수 있다. 끼니를 거르는 일도 없고 두들겨 맞는 일도 없고 별다른 고생이랄 것도 없다. 다른 맞벌이 가정과 비교하면 수입이 적은 편이긴 하지만 사회주의자로서 살기로 결심했을 때 예상했던 것보다 훨씬 무난한 삶이다. 그런데도 돈과 인기 따위에 연연해 사회주의자로서의 신념을 팔아먹으면 그 인생이 얼마나 비루하고 남루하겠나. 간난고초를 겪은 선배들을 볼 낯짝이 남아 있지 않을 것이다.

까짓것 돈과 인기 그 자체를 삶의 목적으로 삼아 과감

하게 인생의 방향타를 조정해나가는 것도 사는 방법일 수 있다. 내적 갈등과 번뇌 끝에 노선 전환을 하거나 보수 양당으로 건너가는 사람들도 있지 않은가. 그렇게 해서 국회의원도 되고 부와 권력을 얻는다면, 그것 자체가 삶의 목표였다면 성공적 전환이라고 할 수도 있을 것이다.

다만 내가 아는 한 돈과 인기에 연연한 사람 중 세상에 정의롭고 선한 영향을 끼친 이는 없다. 예수, 공자, 부처, 마호메트 중에 그 누가 돈과 인기에 휘둘렸는가. 아무런 기대 없이 올바르고 정의롭다고 여기는 바를 추구하는 것이 바로 사회주의자가 걸어가야 할 길이라고 나는 여전히 믿고 있다. 그게 내가 비록 구부러질지언정 부러지지 않는 이유다.

재테크의 땔감이 된 자본론

재테크 열풍이 심상치 않다고 느낀 계기는 좀 독특했다. 어느 날 검색을 하다가 《원숭이도 이해하는 자본론》이 곳곳에서 재테크 학습 교재로 사용된다는 사실을 알게 되었다.

'어? 이상하다? 주식이나 부동산 투자 방법을 책에서 다룬 적은 없는데? 왜 자본주의 비판 서적을 재테크 모임에서 읽을까?'

알고 보니 본격적인 재테크 공부에 앞서 학습 동기를 부여하는 역할을 맡고 있었다. 마르크스의 주장에 따르면 자본주의 사회에서 노동자는 부를 축적할 수 없으며 자본가에게 착취당하는 삶을 살아야 한다. 그러니 개인이 착취의 쳇바퀴에서 벗어나려면 재테크만이 유일한 동아줄이라는 얘기다.

진보 성향의 노동 조합이나 사회 단체에서 내 책을 교재 삼아 공부하는 일은 종종 있었지만 재테크 모임에서 이렇게 활용하리라고는 털끝만큼도 생각해본 적이 없다. 독자 저변도 넓어지고 인세 수입도 증가하니 생계형 작가에게는 반가운 일이지만 어쨌든 망치로 한 대 맞은 듯 어안이 벙벙했다. 사회주의 혁명가인 체 게바라가 이런저런 상품에 인쇄되어 팔릴 때는 영화배우 뺨치는 외모이니 그럴 수 있겠다 싶었다. 하지만 마르크스《자본론》까지 재테크 땔감으로 동원되다니. 전설적인 체조 선수 나디아 코마네치도 울고 갈 자본주의의 유연함에 혀를 내두를 뿐이다.

그러고 보니 한 젊은이와 했던 대화가 떠오른다. 강의를 마친 후였는데 키가 훤칠한 청년이 다가와 질문을 했다.

"작가님, 저 ○○대학교에서 작가님 강의 들었던 아무개입니다."

"오랜만이에요. 기억합니다. 반가워요."

"제가 요즘 재테크에 관심이 많은데요. 자본주의에 대해 빠삭하게 잘 알고 계시니까요. 뭔가 인사이트를 주실 것 같아서요. 20대 나이에 재테크를 어떻게 접근하면 좋을까요?"

"음. 솔직히 말하자면 저는 재테크 경험이 없어요. 도움이 되지 못해 미안합니다. 다만 젊은 시절에는 통장 잔액을 늘리는 것보다는 자신이 좀 더 나은 사람이 되는 데에 시간과 노력을 기울이면 어떨까요. 그게 진짜 남는 장사거든요."

최근 청년들이 무리하게 빚까지 내며 주식과 코인에

올인한다는 얘기가 들린다. 아무리 돈이 최고인 자본주의 사회라지만 통장 잔액으로 자신의 존재 이유를 찾게 되면 숫자 변화에 일희일비하다가 인생을 저당잡히기 십상이다. 한참 지나온 삶을 돌아보니 주식과 코인 그래프로만 점철되어 있다면 그 삶이 얼마나 빈한하고 허망하겠나. 한 살이라도 젊을 때 가능한 많은 책을 읽고 다양한 경험을 쌓으며 좋은 사람들과 두루두루 교류하자. 무심코 사용하는 일상의 물건이 내 돈 주고 산 상품이기 이전에 누군가의 노동의 결과물임을 깨닫자. 타인의 수고와 노동 덕분에 지금의 삶을 누릴 수 있음에 감사하자. 하나뿐인 지구에서 모든 생명체가 조화와 균형을 이루고 살 수 있는, 지속 가능한 삶의 형식을 적극적으로 모색하자. 그런 과정을 통해 인간은 통장 잔액으로는 도저히 얻을 수 없는 품격을 갖추게 된다.

재테크 통장 잔고와 명품 옷으로 애써 누추한 모습을 가린다 한들 그런 식으로는 인간 명품이 될 수 없다. 공동체를 위해 헌신하고 훌륭한 업적을 남긴 이의 생가라면 허름한 초가집이더라도 수백 년이 흘러도 사람들의 발길이 끊이지 않는다. 결국 중요한 건 그 사람이 살아온 자취, 그리고 남겨진 향기다.

낑낑대며 이 글을 쓰다가 갑자기 오줌이 마려워 화장실에서 일을 보는데 공간적 유사성 때문인지 모 청소년 단체 건물 화장실 변기 위에 붙어 있던 문구가 떠올랐다. 시애틀의 크리족 원주민 추장의 말이라는데 화장실에서 만난 최고의 문장이다.

마지막 나무가 사라진 후에야
마지막 강이 더럽혀진 후에야
마지막 남은 물고기가 잡힌 후에야
그대들은 깨닫게 되리라.
돈을 먹고 살 수 없다는 것을.

또 누군가 재테크 조언을 구한다면 모 청소년 단체 건물 화장실 몇 번째 변기에서 소변을 누라고 말해주고 싶다.

그나저나 다행스러운 것은 내 책이 비록 재테크 동기 부여 도서로 독자와 인연을 맺더라도 역할이 거기에서만 그치지는 않고 있었다는 점이다. 인터넷을 검색하다 보면 재테크 동기 부여로 이 책을 읽은 사람들의 독서 후기를 종종 접한다. 하나같이 자본주의 시스템이 본질적으로 착취 시스템이라는 사실에 경악하고 이런 사실을 좀 더 많은 사람이 알아야 하지 않겠느냐는 의견을 남긴다. 자신이 부동산과 주식을 공부하는 것도 결국 기득권층인 자본가가 되려는 발버둥인가 싶어 혼란스럽다는 의견도 적지 않게 보인다.

자본주의 사회에서 누구나 노력해서 부자가 될 수 있다면 무슨 문제가 있겠는가. 하지만 소수의 자본가에게 쏠린 엄청난 부는 착취당하는 다수의 빈곤에 그 뿌리를 두고 있다. 설령 재테크 공부 모임이 계기였다 한들, 내 책이 잠시 재테크의 땔감으로 쓰였다 한들, 좀 더 많은 사람들이 자본주의의 불편한 진실을 깨닫게 된다면 그 자체로 소득 아닐까. 그래서 그 장작불이 자본주의를 재차 강화시키는 데가 아니라 사회의 불평등과 빈곤을 해소하는 데 조금이나마 밑거름이 되었기를 바라고 바랄 뿐이다.

3장

어느 평범한 사회주의자의 나날

좌파 아빠의 자식 교육 분투기

첫째 딸이 초등학교에 입학하기 전, 그러니까 어린이집에 다닐 때의 일이다. 하루는 아이가 뜬금없이 자기는 왜 한글이랑 수학 공부를 안 하느냐고 묻는다. 어린이집 친구들이 대부분 학습지로 공부하는데 자기만 안 하니 뭔가 소외감을 느꼈나 보다. 죄다 나이키 신발인데 자기만 기차표 고무신 신는 기분이었을까. 어쨌든 한글이랑 수학을 하고 싶단다.

그런가 보다 하고 넘어갔다. 솔직히 말하면 애써 무시했다. 한글이나 수학 사교육을 시키고 싶지 않았기 때문이다. 사회주의자로서 공교육 강화의 신념 때문에 그러느냐고? 절반 정도는 맞다. 대학 서열화로 인한 극악의 입시 경쟁, 부모의 불안감을 부추겨 이윤을 추구하는 사교육 시장, 그 아수라장에 내몰려 정신적·육체적으로 피폐해지는 청소년들. 사회주의자라면 이러한 현실을 비판하며 공교육 정상화를 외쳐야지. 오해가 있을까 싶어 말하는데 내가 사교육 그 자체를 악惡이라 생각하는 건 아니다. 우리 애들도 사교육으로 피아노와 미술을 한다. 단 입시 교과 관련 사교육은 시키지 않기로 마음먹었다.

나라고 자식이 공부 잘하고 성공하기를 바라는 마음이 왜 없겠는가? 좌파 우파 따질 일 없이 부모 마음이란 게 똑같다. 입으로는 공교육 강화를 외치지만 자식은 사교육으로 떡칠하고, 국제고, 자사고 보내고, 불법 탈법으로 스펙 만드는 볼썽사나운 사람도 간혹 있지 않은가. 그러함에도 불구하고 내가 국영수 사교육을 시키지 않는 나머지 절반의 이유를 말하자면 아이의 두뇌 성장을 위해서다. 만약 아이가 학습지를 꼭 해야겠다고 생떼를 썼다면 다음과 같이 설득했을 것이다.

"아빠가 알아보니까 만 7세 이전에는 한글을 배우는 게 바람직하지 않다고 하네."

"왜? 내 친구들은 다 하고 있는데?"

"글자를 이해하는 데에는 좌뇌의 역할이 중요한데, 학자들이 연구해보니 만 7세 이후에 좌뇌가 본격적으로 발달하기 시작한대. 즉 초등학교 1학년이 딱 좋은 시기라는 거지."

"그런 게 어딨어? 좀 일찍 배울 수도 있는 거잖아."

"초등학교 들어가기 전에는 우뇌를 발달시키는 게 좋다더라. 만 6세부터는 우뇌의 발달 속도가 느려지니까 우뇌 발달이 왕성한 시기에 감각 자극을 많이 주는 게 좋다는 거야. 너무 일찍 글자를 가르쳐주면 아이의 두뇌 발달과 맞지 않는 교육을 하는 셈이지."

"음, 그래?"

"심지어 핀란드, 독일, 영국, 이스라엘 같은 나라에서는 초등학교 들어가기 전에 문자를 가르치는 걸 법으로 금지하고 있어."

이런 이유로 어린이집 다니는 애한테 한글이나 수학 학습지를 굳이 시키지 않았다. 게다가 아이가 어려서부터 사교육에 의존하다 보면 나중에 고입/대입 학원도 자연스럽게 다니게 될 텐데 입시 사교육은 그 특성상 스스로 골똘히 궁리하는 자기주도형 학습과는 거리가 멀다. 혼자 낑낑대는 공부 방식은 입시 준비에 비효율적이기 때문이다. 그런 식으로 입시에만 매몰되면 자칫 더욱 중요한 능력을 키우지 못하게 된다. 어떤 능력이냐고?

누구나 성인이 되면 부모와 학원의 보살핌에서 벗어나 사회에 진출하고 독립된 존재로서 정답이 준비되지 않은 새로운 문제의 해결을 요구받는다. 입시 사교육은 단답형 문제를 정해진 시간 안에 푸는 훈련 일변도라 이러한 상황에는 별다른 도움이 되지 않는다. 당장은 시행착오를 겪더라도 오롯이 자신의 힘으로 무언가를 끝까지 밀고 나가 본

사람만이 '문제해결능력'을 키울 수 있다. 교육학자 대부분은 미래 인재가 갖춰야 할 최우선 자질로 문제해결능력을 꼽는다. 아이의 성공적인 미래를 바라는 부모가 어떻게 어린 시절부터 문제해결능력 향상 가능성을 차단하는 단답형 훈련 일변도의 가두리 양식장으로 아이를 내몰 수 있겠는가.

그렇게 아이의 요청을 나름 철저한 논리로 뭉개고 얼마 후였다. 아이와 대화를 나누다가 어린이집에서 제일 인기 많은 아이가 ○○○이라는 얘기를 들었다. 왜 인기가 많냐고 물어봤더니 한글과 수학을 제일 잘해서 그렇단다.

'아뿔싸! 학습지를 하고 싶다는 이유가 이거였구나. 한글과 수학을 잘하는 아이가 인기 있는 분위기라면 전혀 배운 적이 없는 우리 애는?'

이대로 내 고집만 피워서는 아이의 자존감에 문제가 생길 수 있겠다 싶었다. 경험자들에게 조언을 구해보려고 페이스북에 글을 남겼다.

'일곱 살짜리 첫째가 친구들은 다 학습지를 하는데 자기는 왜 안 하느냐며, 자기도 하고 싶다네요. 어떻게 해야 할까요?'

댓글 의견은 대체로 비슷했다. 사교육 안 시키려는 신념은 공감하고 존중하지만 아이가 하고 싶다는데 시켜주는 게 맞지 않냐는 것이었다. 어떤 페이스북 친구는 '학습지 노조로 연락주시면 안내해드리겠습돠'라며 과감하게 영업을 들어온다. 조언을 하나하나 읽으며 애가 하고 싶다는데 부모의 신념을 이유로 무조건 막는 것도 적절치 않다는 생각이 들었다. 그렇다고 갑자기 사교육을 시키는 것도 내키지 않아 이래저래 고민하다가 절충안을 냈다. 내가 직접 가르치자. 작가다 보니 시간적 여유도 있어 적당한 교재를 구해 한글과 수학을 가르쳤다.

부모가 자식을 직접 가르치는 일은 자신의 미숙함과 부족함을 뼛속 깊이 깨닫는 과정이었다. 뒤처지지만 말자는 심정으로 하루에 교재 한두 쪽을 하는데도 답답함에 아이에게 화를 냈다가 미안하다고 사과하기를 롤러코스터처럼 반복했다. 그런 시행착오 끝에 다행스럽게도 지금은 무난하게 아이를 가르치게 되었다. 아빠도 너희들 덕분에 조금은 성장했구나. 특히 수학을 공부할 때면 문제해결능력을 길러주기 위해 웬만해서는 답을 알려주지 않고 스스로 풀어내도록 유도하고 있다. 이러한 교육 방식이 아이에게 도움이 되기만을 바랄 뿐이다.

어느덧 첫째 딸은 중학교 1학년, 둘째 딸은 4학년이다. 학부모 사이에서 누구누구가 공부 잘하더라는 얘기가 돌던데 지금껏 우리 애들 이름이 나온 적은 없다. 아이에게 물어보니 반 친구 대부분 국영수 학원에 다닌단다. 아무래도 친구들보다 공부량이 적으니 당연한 결과이려나. 조기 교육과 선행 학습이 만연한 대한민국에서 그래도 자존감에 상처 입지 않고 잘 따라가니 다행이다. 안 풀리는 문제가 있어도 어떻게든 스스로 풀어보려고 하니 그 자세가 기특할 뿐이다.

그러고 보니 나는 특정 분야에서만큼은 아이들에게 지독한 조기 교육을 시키고 있다는 생각이 든다. 바로 미각이다. 나의 꿈은 우리 딸이 (전업으로든 부업으로든) 와인 평론가가 되는 것이다. 그러면 유수의 와인 회사들이 딸에게 와인을 보낼 것이고, 나는 그 와인을 딸 대신 마시는 것이 인생의 큰 그림이다. 이 가슴 뛰는 목표를 달성하기 위해 없는 살림에 무리해서 돌돔 회, 찰광어 회, 괴도라치 회, 안창살, 항정살, 킹크랩, 랍스터, 애플망고 빙수 등을 아이와 함께 먹으며 혹독하게 미각 훈련을 시켰다. 애들이 아직 미성년자인지라 와인은 일단 향기 위주로만 경험치를 쌓게 하고 있다.

이 미각 훈련은 엄청난 장점이 있는데 강도가 올라갈 수록 가족 간의 대화가 많아지고 더 많이 웃으며 사이가 돈독해진다. 훈련의 성과 덕분인지 첫째는 초등학교 1학년 때부터 와사비 간장에 찍어 먹는 생선회를 즐기고 사탕 같은 과자는 달기만 해서 맛이 없다며 멀리한다. 둘째 역시 가장 맛있는 음식으로 거북손을 꼽으며 자신은 미식가라고 자부심이 가득하다. 와인 향기에서 흙 향이나 낙엽 향을 감지해내며 우쭐해하기도 한다. 수학으로 치면 초등학생이 이미 미적분을 푸는 것이나 마찬가지 아닌가. 아빠가 참으로 뿌듯하구나.

첫째가 언젠가 학원에 다녀보고 싶다고 넌지시 얘기를 꺼냈다. 엄마 아빠를 봐라, 책 쓰고 강의할 때 누가 가르쳐 주더냐, 공부는 스스로 하는 게 중요하다, 그래야 진짜 공부다, 라고 일단 설득했다. 솔직히 아이가 고등학교 진학해서도 학원에 다니겠다고 얘기하면 그때는 보내줘야 하지 않을까 싶다. 앞서 얘기했다시피 부모의 정치적 신념 때문에 아이의 의견을 막을 수는 없으니까. 하지만 아직은 온 가족이 미각 훈련에 집중하고 싶다. 가족은 문자 그대로 식구食口니까.

취향 만세!

언제부터인가 와인에 빠지니 뭔가를 아는 사람들이 종종 이렇게 물어온다.

"마르크스가 그렇게 와인을 좋아했다던데 임승수 작가도 그래서 와인에 빠진 거 아니에요?"

사회주의자가 된 게 1990년대인데 와인에 빠진 건 2015년의 일이다. 마르크스 때문이었다면 진작 맛을 들였어야 할 텐데 사실 술을 그다지 좋아하지 않았다. 첫 만남부터 최악이었으니까. 대학교 신입생 환영회에서 '사발식'이란 걸 경험했다. 오타 아니다. 삭발식 아니라 사발식 맞다. 짜장면 그릇 크기의 사발에 막걸리를 찰랑찰랑 채워 놓고는 신입생에게 건네며 단숨에 들이키라는 게다. 거절하면 되지 않느냐고? 주뼛거리던 한 신입생이 모기만 한 목소리로 "간이 안 좋아서…"라고 우물거리니, 건너편 선배가 조건 반사적으로 "나는 간암이야, 이 새끼야!"라며 면박을 준다. 으레 하는 대거리였겠지만 선배라는 사람의 입에서 나오기에는 참으로 철딱서니 없는 말이다. 하긴 철딱서니 없기로는 사발로 들이키라는 강요만 한 것이 또 있겠냐만. 아무튼 이런 분위기이니 억지로 다 마시고 소주잔까지 여러 번 비워줬다. 결국 애꿎은 동네 전봇대 밑에 모조리 토하고 숙취로 다음 날까지 지독하게 고생했다. 이후에도 학교 생활 및 사회 생활을 하며 끊임없이 술자리에 참석했지만 술을 맛있다고 느낀 적은 단 한 번도 없었다.

그러다가 2015년 9월 6일. 한 와인을 만나 술이 아닌 음식으로서 그 맛과 향에 제대로 '취향 저격'당했다. 맛있는 음식 먹는 걸 싫어할 사람이 어디 있겠냐만 그날의 경험은 내 인생에서 유독 특별하고 강렬했다. 대책 없이 해상도만 높은 혓바닥이 와인 한 병을 만나 진도 9.0의 지진을 경험했을 정도니. 이후 유전자 레벨의 본능에 몸을 맡겨 가산을 탕진했고 그런 좌충우돌 경험을 살려 와인 체험 에세이까지 내게 되었다. 취향이란 인생의 방향과 경로를 가리키는 나침반 같다는 생각이 든다. 그동안 수많은 음식과 술을 접했지만 유독 와인에 홀려 여기까지 흘러온 것을 보면 말이다.

와인보다 훨씬 이전에 나에게 취향의 위력을 깨닫게 해준 인물이 있으니 바로 카를 마르크스다. 소싯적 획일화된 입시 교육에 길들어진 나는 학력 고사에서 높은 점수를 받아 명문 대학 인기 학과에 입학하는 것만을 목표로 삼았다. 중학교 시절 작곡가가 되겠다는 꿈을 가진 적도 있었지만 이런저런 이유로 포기하고 나니 더욱 공부만이 살길이라는 생각이 들었다. 원래 한량 기질이 다분한지라 공부를 즐기는 편은 아니었다. 하지만 학교 성적으로 싸잡아 평가받는 고등학생이 되니 자존감을 지키고 주위 사람들로부터 존중받기 위해서는 우수한 성적을 내는 것밖에 달리 선택지가 없었다. 그래도 수학이나 물리 같은 과목은 제법 재미를 느꼈다. 수식으로 정확하게 떨어지는 그 정합성과 합법칙성에서 우주에 스며 있는 내밀한 비밀을 엿보는 듯한 짜릿함이 느껴졌다. 반면 역사, 사회, 지리, 철학 등은 지겨운 암기 과목으로만 여겨져 흥미를 붙이기 어려웠다.

어쨌든 소기의 목적을 달성해 그럴싸한 대학 간판을 달았지만 곧 끈 떨어진 연처럼 이리저리 방황했다. 명문대학 입학이라는 막연한 꿈을 이뤘으나 막상 꿈이 없어지니 삶의 방향성을 상실한 것이다. 선호 과목을 감안해 전공으로 선택한 전자 공학은 생각보다 적성에 맞지 않았다. 그러다가 우연한 기회에 읽게 된 마르크스 《자본론》은 정규 교육을 통해 형성된 나의 세계관 일체를 뒤흔들었다. 입시 교육을 통해 강압적으로 주입된 지식과는 차원이

다른 통찰을 보여준 사상을 접하며 처음으로 지식에 대한 강렬한 취향이 생겼다. 술 안 좋아하던 내가 와인에 빠진 것처럼 고등학교 시절 사회 과목이라고는 거들떠보기도 싫었던 나는 어느덧 사회주의자가 되었다.

취향이 생기면 맛을 구별하게 된다. 배가 고프니 먹는 수준을 넘어 구체적이고 특별한 맛을 추구하는 의식적 활동이 시작되는 것이다. 취향을 저격하는 지식을 습득하기 위해 마르크스주의 서적을 닥치는 대로 탐독하고 그것으로 부족해 80년대 운동권 서적을 찾아 헌책방을 이곳저곳 뒤졌다. 맛을 아는 몸이 되니 삶의 방향도 크게 바뀌었다. 결국 경제적인 안정은 줄 수 있을지언정 무미無味건조했던 직장 생활을 그만두고 사회 과학 책을 쓰는 전업 작가가 되었다.

맛을 알게 된다는 것, 취향이 생긴다는 건 유전자 레벨에서 삶이 뒤흔들려 속절없이 빨려 들어가게 되는 경험이다. 내가 지식의 참된 맛을 경험하지 못했다면 여전히 적성에 맞지 않는 직장 생활을 이어 나갔을 것이다. 취향을 추구했을 때만 체험할 수 있는 참맛과 즐거움을 알지 못한 채 하루하루를 버티기로 일관했겠지. 주어진 시간을 내내 그런 식으로 흘려보내야 한다면 아무리 통장 잔액이 늘어난다 한들 그 삶에서 개인적으로 가치나 보람을 발견하기 어려웠을 것이다.

취향에 이끌려 사회주의자도 되고 와인 에세이도 썼다. 호주머니 사정이 후줄근할 수밖에 없는데 와인에까지 맛을 들이니 로또가 당첨되지 않는 이상 이번 생에서는 윤택한 삶을 기대하기는 어렵겠구나. 그러함에도 불구하고 잠자는 시간이 아까울 정도로 하루하루가 기대되는 이유는 무엇일까? 취향이 직업이 되어 삶이 너무나 맛있어졌기 때문이다. 덕분에 하루하루의 일상에서 기쁨을 길어올릴 수 있으니 이 얼마나 감사한 일인가. 그야말로 취향 만세다!

와인 강의하는 사회주의자

이상을 실현하는 데에 인생을 걸었다지만 먹고사는 부분까지 좌파 활동에 전적으로 기대어서는 가정 경제를 지탱할 수 없다. 생계가 위태로워지면 가정이 흔들릴 것이고 사회주의자로서의 활동을 이어가기 어렵지 않겠는가. 활동의 지속 가능성을 담보하기 위해서라도 자본주의적이며 실용적인 고민이 요구되는 게 냉혹한 현실이다.

내 작가 이력을 아는 이들은 베스트셀러를 여러 권 쓴 작가가 뭐 그리 엄살이냐고 할지도 모르겠다. 사회 과학 분야 베스트셀러 판매량의 그 소박함과 단출함을 모르니 하는 얘기다. 15,000원짜리 책 팔면 10%인 1,500원이 작가 몫인데 천 권이 팔린다 한들 인세는 세금 떼고 145만원 정도다. 당신이 최근 사회 과학 서적을 얼마나 구매했는지 떠올려본다면 나의 상황을 어렴풋이나마 이해할 수 있을 것이다.

머릿속 지식 부스러기의 마지막 한 조각까지 탈탈 털어 환금성 있는 글로 바꿔야 그나마 생계가 유지될 텐데 마르크스주의 책만 써서는 대책이 없다. 작가로서 투 트랙 전략을 구사할 수밖에 없는 이유다. 그래서 글쓰기 책을 출간해 생계에 적지 않은 도움을 받았다. 글쓰기라는 보편적 관심사를 다룬 것이라 독자층도 넓고 도서관이나 학교에서 강의 기회도 많다. 덕분에 그 후 좌파 성향의 책들을 홀가분한 마음으로 집필할 수 있었다.

하지만 글쓰기 실용서의 약발이 다해가면서 새로운 먹거리 발굴 필요성을 절감하게 되었다. 소재를 고민하다가 떠오른 게 '취미'였다. 경제가 발전하고 사회가 풍요로워질수록 사람들은 생계를 위한 노동 이외에 성취감과 즐거움을 만끽하기 위해 취미 생활을 추구하는데 그런 시류에 맞춰 글을 쓰면 어떨까 싶었다.

앞서 언급하기도 했지만 원래 술을 좋아하지 않던 나는 우연히 와인을 마시고 충격에 빠진 후 나름 진지하게 취미 생활로 지속해왔다. 나 같은 사람도 와인에 빠질 정도면 와인 대중화가 코앞이라는 얘기인데 초심자가 와인 지식도 얻을 겸 가볍게 읽을 실용적인 에세이가 의외로 드물었다. 코로나 유행으로 집에서 혼술하는 분위기가 형성되어 마침 와인 판매량도 덩달아 급증했다. 와인 에세이를 쓰면 반응이 있을 것 같다는 판단이 들었다.

되는 장사다 싶으면 바로 실행에 옮기는 성격인지라 오마이뉴스에 '임승수의 슬기로운 와인생활'이라는 제목으로 와인 에세이를 연재했다. 고맙게도 오마이뉴스 측에서 매번 주요 기사로 다뤄주었다. 덕분에 조회수가 상당히 높게 나왔고 와인 수입사에서 연락이 오기도 하고 와인 매장 직원이 나를 알아볼 정도로 상당한 호응을 얻었다. 그 연재물이 단행본으로 묶여《와인에 몹시 진심입니다만,》으로 출간됐다. 고작 애호가 주제에 책을 낸 것만으로도 감사한 일인데 반응도 좋아서 상당히 오랫동안 와인 도서 분야 판매 1위를 기록했다. 도서 판매량이 많은 분야는 아니지만 생계에 쏠쏠하게 보탬이 될 정도로 인세가 들어왔고, 이 책을 계기로 다양한 곳에서 와인 강의 요청이 들어왔다.

그중에서도 예상외였던 곳은 법무연수원이다. 검사, 검찰 수사관, 교정직 공무원, 출입국 관리직 공무원, 보호직 공무원, 공익 법무관 등을 교육하는 국가 기관에서 연락이 온 것이다. 공안 기관의 주목을 받는 사회주의자로서는 이래저래 어색하고 부담스러운 곳이었다. 그런데 이곳에서 검사들을 대상으로 와인 강의를 하게 되었다. 어떻게 가능했을까? 자초지종은 다음과 같다.

대구의 한 동네 책방에서 와인 강의를 했는데 참가자의 반응이 상당히 좋았다. 그 책방 주인과 친분이 있는 검사가 마침 법무연수원 교수로 부임하면서 교육 과정을 짜다가 내 와인 강의가 상당히 재밌다는 얘기를 듣고는 섭외를 한 것이다. 강의에 들어가기에 앞서 그 검사와 대화를 나눠보니 이미 내 정치적 성향을 잘 알고 있었다.

"검사 대상 강의다 보니 좀 불편하시지 않을까 걱정했는데, 수락해주셔서 감사합니다."

"아이고, 무슨 말씀을요. 일부 정치 검사들이 문제이지, 검사님들 대부분은 나쁜 사람들 잡으려고 열심히 일하시는 것 잘 알고 있습니다. 저는 그저 와인 강의를 하는 거라 정치 얘기를 할 이유도 없고 그렇게 해서도 안 된다고 생각합니다."

강의실에 들어가니 젊은 검사들이 좌석을 꽉 채우고 있었다. 여느 때와 다를 바 없는 마음가짐으로 강의를 했는데 평가가 상당히 좋았나 보다. 법무연수원에서 진행되는 수사관, 교정직 공무원 등 다른 직군 교육에도 계속 초청되었다. 나중에 들은 얘기인데 한 신임 검사는 와인 강사로 들어온 나를 보고 매우 놀랐다고 한다. 대학생 시절에 나에게 마르크스주의 강의를 들은 일이 있기 때문이다. 하긴 마르크스주의 강의와 와인 강의를 동일인이 하는 경우는 세계에서 유일하지 않을까 싶다. 기왕 이렇게 된 것 법무연수원에서 마르크스《자본론》강의도 해보고 싶은데 법무부 조직이 워낙 보수적이라 가능할지는 모르겠다. 그래도 기회가 된다면 제안이라도 해보고 싶다. 동네 도서관에서도 하고 고등학교에서도 하는데 법무연수원이라고 못 할 거 있겠나. 대한민국 검사가 법무연수원에서 마르크스 강의를 듣는다면 민주주의의 진일보를 상징하는 사건이 될 것이다.

그나저나 와인이야말로 진정한 좌우 합작이다. 얼마 전에는 민주노총 보건의료노조에서 와인 강의를 했기 때문이다. 다른 누구보다도 동지들과 와인 얘기를 나누니 한층 각별한 느낌이 들었다. 코로나 방역 완화로 음식과 와인을 직접 체험하며 강의를 할 수 있어 더욱 좋았다. 안주로는 보쌈, 주꾸미 볶음을 준비하고, 와인으로는 매콤한 음식에 잘 어울릴 리슬링을 선택했다. 강의 준비를 담당한 노조 간부가 말하기를 내가 보쌈과 주꾸미 볶음을 요청해서 의아했다고 한다. 안주로 치즈 같은 것을 예상했나 보다. 와인 강의를 하면서 특히 강조하는 사항이 있다. 와인에 음식을 맞추지 말고 우리가 자주 먹는 음식에 와인을 맞추자! 와인은 특별한 술이라는 선입견을 버리고 소주나 맥주처럼 반주로 영접하자는 의미다.

매콤한 한식과 리슬링의 조화가 놀랍도록 맛있다며, 불콰한 얼굴로 다들 감탄사를 연발한다. 술을 잘 안 마시는 사람들도 오래간만에 꽤 많이 마셨다며 놀란다. 우리의 마지막 건배사는 '노동 해방을 위하여'였다. 이 세상 어떤 와인 강의에서 이런 건배사가 나올까? 한 병에 2만 원 정도 하는 와인으로 이렇게 즐겁고 정겨울 수 있다면 제대로 남는 장사 아니겠나. 사회 변혁 운동을 하는 이유는 더불어 행복한 세상을 만들기 위해서다. 민주노총에서의 와인 강의 시간은 그 목표에 정확하게 부합했다. 이러니 어떻게 사회주의자로서 와인을 마시지 않을 수 있겠는가.

아내는 페스코 베지테리언

아내는 원래 고기를 좋아했다. 어느 정도였냐면 영화 〈봄날은 간다〉에서 이영애는 유지태에게 "라면, 먹을래요?"라고 했지만, 아내는 연애 시절 나에게 "갈비, 먹을래요?"라고 했다. 결혼 초에도 한동안 고기에 몹시 진심이었던 아내에게 언제부터인가 심경에 변화가 일어나기 시작했다. 공장형 축산업이 초래하는 생명 경시 풍조, 동물 학대, 지구 환경 파괴를 자각하고 문제 의식이 커졌기 때문이다. 작가인 아내는 자신의 글에서 관련 주제를 여러 차례 다루더니 급기야 2021년 여름, 육류를 먹지 않겠다고 선언했다.

동물성 식품 일체를 거부하는 '비건'과는 달리 아내는 '페스코 베지테리언'으로 달걀, 우유, 생선 등은 먹는다. 단어 앞에 붙은 '페스코pesco'는 라틴어로 생선이라는 뜻으로 육류만 제한한다. 가족 구성원의 채식 선언이 불편하지 않냐고? 전혀. 나 또한 공장형 축산업의 폐해를 매우 우려스럽게 생각한다. 돈이 더 들더라도 좋은 환경에서 학대 없이 자란 가축의 고기를 먹을 용의가 있다. 인간의 식습관과 과도한 육류 섭취가 생태계와 지구 환경에 부담이 된다면 의식적인 조정이 필요하다고 생각한다.

사실 나는 채식주의를 제법 오래전에 접했다. 다만 동물 다큐멘터리를 보다 보면 한 생명이 다른 생명을 섭취하는 행위가 물이 위에서 아래로 흐르는 것과 같은 자연의 섭리라는 생각이 들어 육류 섭취를 중단하는 데까지는 나아가지 않았을 뿐이다. 일단 고기 자체가 맛있기도 하고. 사람이 육류를 섭취하면서 맛있다고 느끼는 것을 보면 진화 과정에서 육류 섭취가 인간종의 생존과 번식에 유리하게 작용했다는 심증이 든다. 우리가 식욕과 성욕을 느끼는 이유는 그것이 생명체의 생존과 번식에 유리하게 작용하는 욕구이기 때문 아닌가.

고기를 계속 먹고 싶은 자기 합리화 아니냐고? 그렇게까지 말한다면 솔직히 할 말은 없다. 그래도 내가 엄격한 비건과도 공존이 가능한 사람이라는 것만은 알아달라. 요리 소스에 첨가된 동물 성분까지 거부하는 엄격한 비건 성향의 사람을 집에 초대한 적이 있는데 일회성이라고는 하지만 아주 꼼꼼하게 음식을 준비했다.

그중에서도 소금으로 간을 해 내놓은 버섯 구이에 모두 상당히 만족했던 기억이 생생하다. 좋은 버섯은 소금만 뿌려서 프라이팬에 구워 먹어도 그렇게 맛날 수가 없다.

역시 요리의 근본은 재료다.

내내 집에서 붙어사는 부부 작가이니 한쪽의 페스코 베지테리언 선언은 상대에게도 적지 않은 영향을 미친다. 아내가 타인에게 신념을 강요하는 스타일은 아니라서 나나 아이들은 육류 섭취에 형식적으로 아무런 제한도 없다. 하지만 삼겹살이나 등심을 구워 먹으려다가도 아내 생각에 자제하게 되니 나 또한 육류 섭취량이 전보다 줄어들었다. 개인적으로 바람직한 변화라고 생각한다.

아내는 육고기를 놓은 건 별로 아쉽지 않은데 외식할 때 좀 번거롭고 간혹 어르신들과 식사할 때면 눈치가 보인단다. 한번은 강의하러 갔을 때 주최 측이 정성스럽게 건네준 샌드위치 속 햄을 차마 골라내지 못하고 먹은 일도 있었다. 레드 와인 마실 때 찰떡 조합인 스테이크를 안주로 선택하기 어려운 건 나로서도 꽤 아쉬웠다. 대부분 집에서 아내와 와인을 마시는데 아내의 페스코 베지테리언 선언 후 이 조합을 시도하기 어려워졌기 때문이다. 그 대단한 시너지 효과를 감안하면 미각적 즐거움의 측면에서 막대한 손실이 아닐 수 없다.

그 손실을 메우기 위해 대안을 고민하다가 식물성 재료로 만든 '대체육'이 떠올랐다. 과연 레드 와인의 영혼의 파트너인 육고기 스테이크를 대신할 수 있을지 궁금했다. 이리저리 검색하다가 인터넷 후기가 괜찮은 모 회사의 대체육 햄버그스테이크를 구매했다. 여섯 개들이를 할인가 32,920원에 구입했으니, 햄버그스테이크 한 덩이에 약 5,500원이다. 비슷한 가격대의 육고기와 함께 먹으며 기량을 견줘보고 싶어서 호주산 와규로 만든 햄버그스테이크도 따로 구매했다. 요놈은 두 덩이에 6,200원이니 한 덩이면 3,100원.

결전의 날이 왔다. 와인은 몇 년 전 구입해서 셀러에 보관하고 있던 샤토 캉트메를르 2015를 꺼냈다. 고기와 대체육 한판 승부 도우미로는 프랑스 보르도 와인이 무난하지 않나 싶었다. 일단 블라인드 테스트부터 시작했는데 나와 아내, 그리고 두 딸이 모두 고기와 대체육을 정확히 구분했다. 대체육의 경우 씹다 보면 부서지고 흩어지는 식감이 느껴져 탄탄하고 밀도감 있는 고기 햄버그와는 차이가 있었다. 하지만 이것은 둘을 비교하며 감별했기 때문이고, 그냥 고기라고 속이면 그런가 보다 하고 먹을 것 같았다. 후각이 예민한 아내와 첫째는 대체육에서 두부나 두유에서 날 법한 미세한 향을 감지해냈으니 이 또한 참고할 만한 사항이다.

다음으로 레드 와인에 대체육을 먹어 보니 예상을 훌쩍 뛰어넘을 정도로 훌륭하다. 오히려 비교 대상인 육고기 햄버그스테이크보다 나았다. 나와 아내가 공감한 대체육의 장점은 느끼하지 않다는 것이다. 고기는 먹다 보면 특유의 느끼함 때문에 물리는데 대체육은 같은 양을 섭취해도 상대적으로 깔끔하고 개운했다. 비건을 지향하는 아내는 오히려 고기 같지 않으면서도 레드 와인과 훌륭하게 어울린다며 더욱 만족! 두 딸은 그래도 고기가 좋다며 와규 햄버그스테이크 쪽으로 연신 손을 뻗는다. 그래, 한창 고기 좋아할 나이지.

우리 부부가 내린 결론은 이러하다. 고기 식감의 정확한 재현이라는 측면에서는 다소 차이가 감지되지만 고기를 대체해서 레드 와인과 즐긴다는 측면에서는 꽤 만족스럽다. 특히 느끼하지 않아서 좋다. 향후 대체육 기술이 더욱 발전한다면 인류의 식생활에 상당히 큰 변화가 올 것은 확실해 보인다.

최근 유튜브 알고리즘의 안내로 크레이피시라는 대형 갑각류의 회를 뜨는 영상을 우연히 보게 되었다. 기절시키거나 목숨을 끊고 손질했으면 괜찮았을 텐데 멀쩡히 살아 있는 상태에서 껍질 사이로 칼을 쑥 집어넣으니 크레이피시가 꼬리를 격렬하게 움직이며 발버둥 친다. 곧 인간의 입속으로 들어갈 미물이라지만 몸 전체를 뒤트는 행위에서 삶에 대한 집착이 처절하리만치 강하게 느껴졌다. 안타까운 마음에 얼굴이 찡그려졌다. 싱싱하다는 것을 보여주려는 의도였겠지만 댓글에서도 왜 굳이 고통을 주느냐며 비판하는 목소리가 높았다.

누군가는 위선이라고 할지도 모르겠다. 자신의 생존을 위해 타 생명체의 목숨을 끊는 주제에 착한 사람 코스프레를 한다는 의미겠지. 하지만 이런 최소한의 위선조차 사라진 사회는 어떤 모습일까? 타인과 타 생명체를 자신의 쾌락과 만족을 위한 도구로만 여기고 상대의 입장을 고려하고 배려하는 방법 자체를 망각한 인간 군상들로 그득하다면…. 사이코패스로 가득 찬 무간지옥 아니겠는가.

설령 그것이 위선일지라도 예측 가능한 수준으로 꾸준히 지속된다면 매너가 되고 인간성이 된다. 최후의 팬티

한 장 같은 위선마저 벗어던진 잡것과 친해지고 싶은 사람은 아무도 없다. 누군가 위선이라고 폄하하는 그 특성, 타인 혹은 타 생명체의 아픔에 공감할 수 있는 능력이야말로 인간을 인간답게 만드는 고귀한 속성이다. 그런 의미에서 고기에 몹시 진심이었던 아내의 페스코 베지테리언 선언을 진심으로 응원해 마지않는다.

남성 사회주의자의 페미니즘 성장기

오래전 동녘출판사에서 나온《여자는 왜?》라는 책을 활자 하나하나 꾹꾹 눌러 읽었다. 초판 1쇄 발행일이 1991년 4월 10일이니 꽤 오래된 책이다. '여성 억압의 어제와 오늘'이라는 부제가 달려 있는데 읽어나가면서 적지 않은 충격을 받았다. 세상의 절반인 여성이 겪는 구조적인 억압과 소외, 차별을 깨닫게 됐으니 말이다. 내가 남자라서 전혀 고민해보지 못했던 그런 종류의 문제들이 세상의 절반이나 되는 사람에게 엄연히 존재한다는 사실이 큰 무게감으로 다가왔다.

차별에 반대하고 평등한 세상을 추구하는 사회주의자이다 보니 이래저래 페미니즘에도 관심을 가지고 관련 서적도 읽었다. 민주노동당 당원으로서 성평등 의무 교육도 받았고 페미니즘 활동가들과 대화를 나눌 기회도 있었다. 하지만 가부장 사회에서 혜택을 받으며 자라온 남성인지라 성인지 감수성이 예민할 수는 없었다. 마치 모의고사 문제에 '여성에 대한 차별은 잘못됐습니다. 시정돼야 합니다'라고 영혼 없이 답을 적는 고3 수험생의 느낌이랄까? 당위적 차원에서야 응당 동의했지만 나와 무관하지 않은 절실한 문제임을 체감하는 데에는 구체적인 계기가 필요했다. 바로 결혼이다.

나는 2009년에 결혼했다. 사회주의자를 남편으로 선택한 사람이니만큼 아내 또한 진보적인 세계관의 소유자이며 무엇보다도 페미니스트이다. 결혼할 당시 아내는 신문사 기자였는데 보수적이고 세속적인 사람들을 주로 취재하다가 이상을 품고 소신껏 글 쓰고 강의하는 나의 모습에 호감을 느꼈다고 한다. 아내는 종종 "단칸방 생활 각오하고 너랑 결혼했다"고 농담 삼아 말하지만 난 그런 아내에게 고맙고 미안한 마음을 가지고 있다.

사회주의자로서, 그리고 맞벌이 부부로서 가사 노동과 육아 노동의 분담은 당연한 일이라고 생각하고 있었다. 하지만 머릿속 '관념'에만 머물던 것이 결혼 후 구체적 '현실'로 모습을 드러내니 막연한 예상과는 상당한 차이가 있었다. 가사 노동은 설거지하기, 세탁물 개기, 화장실 변기 청소하기, 막힌 하수구 뚫기, 진공청소기 돌리기 등등 매우 구체적인 형태를 띠기 시작했고, 행위의 특성상 주기가 짧아 금세 다음 차례가 돌아왔다.

아이가 태어나 육아 노동이 추가되니 상황은 점입가경이었다. 갓난아이는 그저 예쁜 얼굴을 쳐다보기만 하면 알아서 어린이가 되는 줄 알았는데, 그게 아니었다. 4세 이

전 어린 시절 기억이 없다 보니 그 지난했던 일들을 떠올리지 못한 것이다. 그렇지, 똥오줌은 부모가 일일이 치워주는 것이지. 젖 먹이는 일도 고되다. 갓난아이는 한밤중에도 두세 시간마다 깨어서는 젖을 달라며 세상 떠나가게 울어댄다. 아이를 낳기 전에는 밤중 수유란 것이 있는 줄도 몰랐던 나는 몹시 당황했다.

새벽 2시쯤 아기가 그 특유의 신경 곤두서게 만드는 주파수 대역으로 울어대면 수면 상태를 유지하려는 몸뚱이를 억지로 이끌고 일어나 아기를 안고 달랜다. 냉동실 문을 열어 낮에 유축기로 짜 얼려놓은 모유 한 팩을 꺼낸다. 냄비에 물을 끓여 꽁꽁 언 모유를 중탕으로 녹인 후 젖병에 담는다. 아기에게 물리기 전에 내 손등 위에 한두 방울 정도 떨어뜨려 본다. 온도를 확인하기 위해서다. 차면 더 데우고, 뜨거우면 찬물에 식힌다.

준비가 끝나면 아이에게 젖병을 물린다. '어이구, 내 새끼!' 먹는 모습이 참으로 기특하다. 다 먹으면 바로 눕히지 않고 트림시킨다. 한쪽 어깨에 가제 수건을 얹고 아이를 수건 쪽으로 세워 안아 등을 쓰다듬어주다 보면 제법 그럴싸한 트림을 한다. 가끔은 모유가 역류해 입으로 흘러나오는데 그때 가제 수건이 맡은 바 임무를 수행한다.

한참 자장가를 불러주면 어느새 아이가 새근새근 잠든다. 중간에 깨지 않도록 (깨면? 도돌이표!) 조심스럽게 눕힌다. 급한 불은 껐다는 안도감에 잠자리로 돌아가지만 아기가 두세 시간 후에 배고프다며 어김없이 깨는 것은 확정적 미래다.

다른 남자들은 힘든 육아에서 벗어나려고 직장으로 도피한다는데 나는 일터가 집이다 보니 도피처도 없었다. 첫째와 둘째의 육아 기간은 우리 부부 작가의 글 생산성이 눈에 띄게 저하된 시기와 정확히 겹친다. 어쨌든 대한민국 남편 평균치를 훌쩍 뛰어넘는 수준으로 가사와 육아에 참여하는 내 모습이 정치적으로 올바르다는 나르시시즘으로 스스로를 위로하며 버텼다. 하지만 이런 나르시시즘의 얄팍한 밑천이 드러나는 일이 일어났다. 어떻게 보면 별일이 아닐 수도 있다만 나로서는 내면을 성찰하는 계기가 됐다. 아마도 2012년일 것이다. 당시 강의 일정이 많아 여유도 정신도 없다 보니 설거짓거리를 쌓아놓은 채로 강의를 다녀왔다. 연일 이어지는 일정으로 피곤했던지라 집에 와서는 소파에 누워 쉬고 있던 내게 아내가 말했다.

"왜 설거지 안 했어? 결국 내가 했잖아."

피곤한 상태에서 아내의 문제 제기를 들으니 열심히 일하고 온 것, 그리고 평소에 가사와 육아에 참여한 것을 몰라주나 싶어 서운했다.

"요즘에 일이 많았잖아. 피곤해서 그랬어. 솔직히 나만큼 집안일 잘 도와주는 남편이 어디 있냐?"

가사 노동과 육아 노동을 분담하더라도 대체로 아내가 나보다 더 많은 일을 하곤 했다. 그걸 알고 있었고 아내에게 항상 미안했는데 그날따라 몸이 피곤해서인지 불쑥 이런 대꾸를 했다. 그때 부메랑처럼 돌아온 아내의 일갈.

"설거지를 네가 도와주는 거냐? 설거지는 도와주는 게 아니라, 네 일이야!"

뒤통수를 후려갈기는 죽비 같은 한마디였다.

'그렇구나! 설거지는 내가 아내를 도와주는 게 아니라, 그냥 내 일인데.'

결혼 후 가사 노동 분담에 대해 아내와 의논하면서 설거지는 내가 하기로 했던 기억이 떠올랐다. 하지만 마음 깊은 곳에서는 원래 아내 몫인 설거지를 '돕고' 있을 뿐이며 이건 내 의무가 아니라 사랑하는 아내를 위한 자발적 봉사라고 여긴 것이다. 한동안 이런 본심이 잘 은폐되었으나 몸이 힘들고 정신적으로 피곤한 상황이 되자 무의식중에 언어라는 형식을 빌려 드러나 버렸다.

그 본심이란 놈의 껍질을 하나씩 벗기며 자세히 살펴보면 결국 그 안에는 나와 상대를 가르는 차별적 시선이 존재한다. 좀 가혹한 비유를 들자면 가난한 자에게 자선을 베푸는 이벤트를 열며 자기 만족에 빠지는 재벌, 선거 시기만 되면 시장통에서 꼬치 어묵을 물고 서민 코스프레를 하는 유력 정치인, 저 '불쌍한' 노동자들을 해방의 길로 인도하기 위해 친히 기득권을 버리고 현장에 투신한다는 운동권 대학생의 기저에 깔린 심리와 크게 다르지 않다고나 할까. 이들의 내면에는 대상과 자신을 엄격하게 구분하는 장벽이 존재하며 자신은 항상 그 장벽 너머에 서서 대상을 내려다본다. 설거지를 나의 일로 온전히 받아들이지 못한 나는, 가부장제의 피해자인 여자를 도와주는 멋진 남자라는 착각에 빠져 가사와 육아가 실질적으로 자기 일임을 망각한 것이다.

장애인에게 장애우라는 시혜적 표현을 사용하는 게 적절하지 않듯이 페미니즘은 우위에 있는 남성이 상대적으로 어려운 처지의 여성을 배려하고 도와주는 것이 아니다. 차별당하던 노비가 양반 세상을 뒤엎고 주인이 되고자 하는 선언이다. 페미니즘을 접하고 가부장적 차별의 문제점을 깨닫게 된 여성들의 분노는 활화산처럼 분출되기 마련이다. 분노하지 않는다면 오히려 정신적 노예 상태라는 증거 아니겠는가.

가부장적 사회 구조의 혜택을 입어온 남성의 관점에서는 그런 분노의 물결이 당혹스럽고 불편할 수도 있다. 하지만 그 감정은 신분제가 무너지는 광경을 바라보는 양반의 그것과 어딘가 닮아 있다. 알다시피 인류 역사의 발전 과정은 다양한 형태의 억압과 차별을 지양하고 좀 더 평등한 사회로 나아가는 여정이다. 그런 의미에서 페미니즘의 성장은 거스를 수 없는 역사 발전의 순방향임이 명백하다. 오늘도 아내의 페미니즘 명저《캔버스를 찢고 나온 여자들》에서 읽었던 내용을 되새기며 역사 발전에 일조하는 마음으로 설거지와 청소 투쟁에 나선다.

오늘도 뚜벅뚜벅 걸음을 옮긴다

몇 년 전에 민주노총 울산 본부에서 신입 간부를 대상으로 대한민국 경제사 강의를 한 적이 있다. 재벌과 독재정권의 유착 관계를 설명하다 보니 박정희 전 대통령에 대해 상당히 비판적인 내용으로 강의를 진행하고 있었다. 그런데 갑자기 한 조합원이 씩씩대며 벌떡 일어났다.

"거, 참 재미없네!"

그렇게 내뱉더니 분을 못 참겠다는 우악스러운 걸음으로 강연 장소를 빠져나가는 것 아닌가. 예상치 못한 상황에 당황했지만 이내 분위기를 수습하고 강의가 끝난 후 진행자에게 어떻게 된 일인지 물어보았다.

"이번에 처음 대의원이 된 분이라 이런 교육이 처음인데다가, 원래 박정희 전 대통령을 엄청나게 존경한다고 하네요. 그래서 강의 내용에 불편함을 느낀 것 같더라고요."

민주노총이라고 긴장의 끈을 놓았다가 경상도 울산이라는 지역적 특성을 고려하지 못한 것이 실수였다. 강의 내용은 사실 관계에 충실했고 공감하며 열심히 들은 조합원이 대다수였지만 그래도 누군가는 불편할 수 있음을 고려해 좀 더 세심하게 강의 톤을 조절했으면 어땠을까 하는 아쉬움이 남았다.

사실 이런 일이 처음은 아니다. 오래전 진보적인 여성운동 단체에서 강의할 때의 일인데 노무현 정부의 우경화 행보에 우려를 표하며 좌파적 관점에서 혹독하게 비판한 적이 있다. 당시 시민 운동 단체에는 노무현 정부에 우호적인 사람들이 적지 않았는데 그중 한 명이 내 발언에 대해 강한 불쾌감을 표하고 강연 장소를 떠났다.

사회주의자로서 글을 쓰고 강의를 하는 것은 독자나 청자를 설득하기 위해서인데 아무리 이치와 사리에 어긋나지 않는 얘기를 한다손 치더라도 상대와 나 사이에 정서적인 장벽이 들어서면 메시지가 제대로 전달되지 않는다는 사실을 절감했다. 이런 일들을 겪다 보니 이제는 상황에 따라서 강의 전에 미리 양해를 구하기도 한다. 예를 들어서 경상도 지역에서 박정희 전 대통령에 대해 비판적인 내용의 강의를 하는 경우다.

"저희 부모님도 경상도 출신이십니다. 아버지는 거창,

어머니는 부산, 그렇게 치면 저도 갱상도 아입니꺼. 우리가 남이가? 하하하. 오늘 대한민국 경제사 강의에서 박정희 전 대통령에 대해서 비판적인 얘기가 나오는데 한국 재벌 체제를 설명하기 위해서는 불가피한 측면이 있으니 혹시 불편하시더라도 넓은 마음으로 양해 부탁드립니다."

이렇게 사전에 안내한 후 정제되고 차분한 어조로 강의를 풀어나가지만 와중에 간혹 공격적인 질문을 받기도 한다. 그럴 때면 대략 다음과 같이 대답하곤 한다.

"네. 선생님 입장으로는 그렇게 생각하실 수 있다고 봅니다. 다만 제가 강의를 하는 취지는 이러이러한데, 그러한 관점에서 박정희 전 대통령의 행적을 살펴보면 이렇게 평가할 수도 있다는 의견을 전해드리는 거예요. 같은 내용을 접하더라도 그에 대한 평가나 판단은 누구나 다를 수 있다고 생각합니다. 절대 제 생각을 선생님께 강요하는 게 아닙니다."

역시 닳고 닳은 강사답게 기름칠한 장어처럼 유들유들 잘도 빠져나간다고 여길지도 모르겠다. 하지만 이것은 단지 난감한 순간을 모면하기 위한 강의 기법만은 아니다. 어린 시절부터 지금까지의 내 지적 성장 과정을 고찰해보면 보편적 진실이라고 여겼던 것들이 실제로는 특정한 관점이 투영된 제한된 사실이었음을 깨닫는 과정의 연속이었다. 교과서와 위인전만 읽고 크리스토퍼 콜럼버스를 소위 신대륙을 발견한 위인인 줄로만 알았다가 뒤늦게서야 그 대륙의 선주민에게는 콜럼버스가 침략자요, 살육자라는 사실을 깨닫게 되는 것처럼 말이다.

나름 확신을 가지고 글 쓰고 강의해도 내 글과 말은 '나'라는 특정인의 관점이 투영된 결과물일 뿐이다. 인류 지식의 역사가 증명하듯 그 어떤 권위 있는 주장과 견해에도 오류의 가능성은 존재한다. 그러니 따지듯 공격적으로 질문하는 상대의 모습은 일순간 거울에 비친 내 모습이 될 수도 있다. 이렇게 생각하니 좀 더 차분하고 열린 마음으로 상대의 의견을 청취하게 된다.

물론 눈살이 찌푸려질 정도로 무례한 경우도 있다. 그렇다고 똑같이 공격적으로 대응하면 분위기가 찬물 끼얹은 듯 가라앉아 다른 청중에게 불편함을 준다. 오히려 침착하고 예의 바르게 대응하면 무례하게 질문한 사람만 무안해질 뿐 강사에 대한 신뢰도는 대폭 상승한다. 그러므로 상대가 맞서 싸워야 할 투쟁의 대상이 아닌 이상 감정적으로 껄끄러운 상황은 피하는 게 여러모로 현명한 처사다.

평등 세상을 꿈꾸는 사회주의자로서 글 쓰고 강의하다 보니 어쩐지 설득의 기술만 늘어가는 것 같다. 정치적 극소수파로 살아남기 위한 발버둥의 결과다 싶으니 한편으로는 씁쓸하지만 어려운 상황을 능력치 성장 기회로 삼는 스스로에게 대견함도 느낀다. 이렇게 스스로를 '설득'하며 뚜벅뚜벅 걸어가는 것도 나름 괜찮은 인생 아니겠나.

4장

세상이 진일보하냐고 내게 묻는다면

인간의 이기성에 대한 논박

“자본주의에 문제가 있다는 건 일정 부분 동의합니다. 그렇지만 세상에 완벽한 제도란 없지 않나요? 인간이란 동물은 본성적으로 이기적이기 때문에 사회주의는 불가능해요. 이기적인 인간들이 모여 사는 사회는 결국 이기심에 의해 돌아갈 수밖에 없으니까요.”

사회주의자로서 글 쓰고 강의하다 보면 가장 자주 접하는 반박이다. 얼핏 설득력 있게 들리지만 내가 보기에 크게 두 가지 오류가 있다. 첫째, 사회주의가 경쟁을 배제하고 인간의 이기심을 용납하지 않는다는 오해다. 둘째, 인간이 이기심으로 가득하다는 가정 자체의 오류다. 하나씩 살펴보자.

오래전 남과 북의 교류가 활발했던 시기에 남한의 한 기자가 취재차 북한의 학교를 방문했다. 그런데 교실에서 1등부터 꼴등까지 이름과 점수를 공개한 게시물을 발견하고는 무척 놀랐다. 평등을 중요한 가치로 내세우는 사회주의 국가에서 대한민국보다 더욱 노골적으로 등수를 공개하다니! 사실 북한에서도 소위 명문대라는 김일성대학에 진학하려면 뜨거운 경쟁을 피할 수 없다. 김일성대학에서 공부하고 능력을 인정받으면 그에 걸맞은 중요한 직책을 맡을 수 있고 사회적으로 인정받으니 말이다. 입학 정원은 한정되어 있어 동료들보다 공부를 더 잘해야 한다.

사회주의에서도 성과급제를 시행해 경쟁 의식과 근로 의욕을 고취한다. 솔직히 농땡이 치는 사람과 열심히 일하는 사람이 똑같은 보상을 받는다면 그 누가 열심히 일하겠는가. 사회주의 국가에서 목표를 초과 달성하는 개인이나 팀에게 상을 주고 물질적 혜택을 추가로 부여하는 건 매우 흔한 일이다.

학교에서도 성적을 놓고 경쟁하고, 직장에서도 더 높은 성과를 달성하기 위해 경쟁하는데 사회주의가 어떻게 인간의 이기심과 경쟁심을 마냥 무시한다고 할 수 있겠나. 다만 이러한 이기심과 경쟁심이 자본주의처럼 극단적인 빈부 격차와 착취로 이어지지 않을 뿐이다. 사회주의의 궁극적 목적은 모두가 고루 잘사는 평등한 사회 구현이다. 기업 대부분이 공기업 형태를 띠고 있어서 공익을 위해 운영되며, 국가의 우선 과제는 구성원 모두에게 능력과 적성에 맞는 일자리를 제공하고 기본적인 삶의 질을 보장하는 것이다. 경쟁이나 성과급의 도입은 단지 이러한 목표 달성을 보조하는 역할일 뿐이다.

전문직에 대한 우대도 존재하지만 위험하거나 고된 일

에 종사하는 이들을 한층 배려한다. 노동자 대부분이 사실상 공기업에 소속되어 공적인 일을 수행하니 아무리 작은 업무라 할지라도 인민들을 위해 일한다는 사명감과 긍지를 갖고 있다. 무엇보다도 사회주의에서는 국가의 정책을 결정하는 자리(예컨대 국회의원)에 노동 계급 출신이 상당수다. 애초에 노동 계급의 이익이 관철될 수밖에 없는 정치 구조다. 그러니 학교에서 1등부터 꼴등까지 성적을 게시해도, 직장에서 성과에 따라 보상을 차등적으로 주어도, 그것이 불평등과 차별의 문화로 이어지지 않는다.

하지만 기업 대부분이 이윤 목적의 사기업이고 계급 간 직종 간 소득 격차가 큰 자본주의 사회에서는 명문 대학 학위를 받고 근사한 전문직에 종사하느냐의 여부가 향후 안정되고 윤택한 삶을 사는 데에 상당히 중요한 변수로 작용한다. 쉽게 대체될 수 있는 단순한 업무를 수행하는 노동자는 대개 저임금에 고용 형태가 불안정하다. 이러니 부모는 자식 잘되기를 바라는 마음에서라도 공부하라고 경쟁에 내몰 수밖에 없고 아이는 과도한 스트레스를 받는다. 학생부종합전형이든 정시든 아무리 입시 제도를 고친다 한들 불평등이 심한 사회에서는 결국 과도한 경쟁으로 입시 제도가 파행적으로 운영될 가능성이 크다.

자신을 무엇보다 소중하게 여기고 위하는 마음이 '이기심'이라면, 남보다 더욱 두각을 드러내고 싶은 마음이 '경쟁심'이라면, 이기심과 경쟁심이 없는 사람이 과연 있을까? 적정 수준의 이기심이나 경쟁심은 자연스러운 것이고 여러 면에서 긍정적인 요소로 작용할 수 있다. 그러니 사회주의라고 해서 이기심과 경쟁심을 도외시할 리가 없다. 다만 기본적인 삶이 보장되는 사회주의에서의 안정적인 경쟁과, 오로지 내가 번 돈으로 생계를 해결해야 하는 각자도생 자본주의에서의 절박한 경쟁은, 당사자가 느끼는 압박감과 스트레스에서 큰 차이가 날 수밖에 없다.

둘째로 인간이 이기심으로 가득하다는 가정 자체의 오류를 살펴보자. 사실 인간이 이타적임을 증명할 수 있는 증거는 인간이 이기적임을 증명할 수 있는 증거만큼이나 산더미처럼 쌓여 있다. 막돼먹은 극소수 인간 말종이 아니고서야 길을 잃어 우는 아이를 누가 그냥 지나칠 수 있겠는가. 좋은 평판을 얻기 위한 이기심의 발로라고? CCTV가 있을 때만 아이를 도와주고 없을 땐 방치한다면 그 말이 맞겠다. 하지만 도대체 누가 그러겠나. 자식에 대한 부모의 무조건적 헌신은 어떻게 설명할 것인가. 조국과 민족의 독립을 위해서 목숨까지도 아낌없이 바친 독립운동가들은? 어떤 이들은 생판 모르는 남을 구하기 위해서 위험을 무릅쓴다.

인간이 이렇게 높은 수준의 이타심을 발휘할 수 있는 기저에는 공감 능력이 존재한다. 인간은 공감 능력을 통해 타인이 기쁘거나 괴로워하거나 아파할 때 그 감정을 공유할 수 있다. 네이트 판에 올라온 안타까운 사연에 달린 댓글을 보면 인간의 공감 능력이 얼마나 놀라운지 확인할 수 있다. 익명 댓글이라 자신의 이타성을 뽐낼 여지가 없음에도, 사연을 올린 이에게 작은 도움이라도 되고자 그렇게나 많은 사람이 시간을 할애해 조언을 남긴다.

인간은 왜 이토록 이타적일까? 인간이라는 종은 내내 무리를 이루며 살아왔다. 무리 안에서 서로 의존해야 개체의 생존과 번식 확률이 높아지기 때문이다. 고립되어 혼자 살아야 한다면 생존하거나 자식을 남길 확률이 현격히 낮을 것이다. 수렵과 채집으로 먹을거리를 마련하고, 아이들을 돌보며, 맹수나 다른 무리와의 전투에서 이기기 위해서는 구성원이 서로 협력해야 한다. 각자 이기적으로 행동하며 돕지 않으면 생존과 번식에 큰 어려움을 겪는다. 알다시피 인류는 지구에 등장한 이후 대부분 수렵 채집 활동을 하며 소규모 공동체로 시간을 보냈다. 이 기나긴 진화의 여정에서 협력에 도움이 되는 이타심이라는 형질이 선택되었을 것이다.

누구에게나 존재하는 인정 욕구, 그리고 이기적인 사람에 대한 거부감도 진화 과정을 고려하면 자연스럽게 이해된다. 너무나 당연한 얘기지만 무리에서 좋은 평판을 얻은 개체가 후세대에 유전자를 남길 확률이 높을 것이다. 정나미 떨어지는 녀석과 음식을 나누거나 자식을 만들기는 싫은 법 아니겠나. 그러니 주변 사람들에게 인정받는 일은 영양분 섭취만큼이나 삶에서 중요한 과제다. 일종의 정신적 양식인 셈이다. 남들이 부러워하는 재벌이나 유명 연예인조차 외로움과 소외감이라는 정신적인 영양실조에 빠지면 스스로 목숨을 끊기도 한다. 인간에게 있어 공동체에 소속감을 느끼고 인정받는 일이 얼마나 중요한지를 절감하게 된다.

자기만 챙기는 이기적인 사람은 마치 썩은 음식과도 같아서 협력의 분위기를 훼손하고 공동체에 악영향을 끼쳐 구성원의 생존과 번식 확률을 낮춘다. 알다시피 인간은 몸에 해로운 썩은 음식을 섭취할 때 맛없고 역겹게 느끼도록 진화되었다. 우리가 이기심 가득한 사람에게 역겨운 감정을 느끼는 것도 같은 이유다. 나에게 해로운 사람임을 본능적으로 알아보는 것이다. 사실이 이러한데도 어떻게 인간을 이기적인 존재로만 치부할 수 있는가? 자신이 썩은 음식임을 자인하는 꼴 아닌가 싶다. 현재 진화 현상을 연구하는 학자들은 이타심의 진화에 대해서 유전자의 관점에서 혹은 집단의 관점에서 다양한 주장을 내놓으며 활발하게 논의를 이어가고 있다.

결국 이기심이든 이타심이든, 본질적으로 공동체적 존재이기 때문에 가능한 속성이다. 무리 안에서 서로 관계를 맺고 있기에 이기와 이타가 성립되는 것 아닌가. 그런 의미에서 인간은 철저하게 공동체적 존재이며 공동체를 떠나서는 살 수 없다. 인간이 궁극적으로 이기심만 가득한 존재라고 주장하는 이들은 자본주의 시스템이 초래하는 공동체성 파괴와 인간 소외 현상을 마치 본성의 산물인 양 호도한다. 그런 언동이 인민을 착취하는 한 줌 지배 계급의 행동에 면죄부를 준다는 사실을 망각한 채.

'공정'마저 사유화하려는가?

‘공정’이 화두가 된 지 오래됐지만 공정 역시 시대에 따라 변할 수 있음을 쉽게 간과한다. 노예제 사회에서는 노예를 소유하고 부려도 전혀 문제없었지만 지금은 불공정한 일이다. 조선 시대에는 양반과 상놈을 나눠 차별하는 게 자연스러웠지만 현대인의 감각으로는 역시 불공정한 일이다. 만약 우리가 시간을 거슬러 조선 시대로 가서 신분제를 철폐하자고 외쳤다면 대다수 사람에게 외면당할 것이다. 시대를 뛰어넘어 사고한다는 것은 이렇게 어려운 일이다. 사정이 이러한데 자본주의 사회의 구성원으로 살며 이 시대를 객관적으로 조망하는 일 또한 쉽겠는가.

최근 공정을 목 놓아 부르짖는 이들이 놓치는 부분이 있다. 자본주의가 애초부터 공정하지 않은 시스템이라는 점이다. 신분제가 타파되었고, 누구나 경제적·정치적 활동의 자유를 누리며, 선거를 통해 국민의 대표자를 선출하는데, 어떻게 공정하지 않다고 하는지 의아하다고? 그 마음 이해한다. 조선 시대의 사람들도 양반과 상놈을 구분하고 차별하는 것을 자연스럽게 여겼으니 말이다. 물속에 사는 물고기는 물이 없는 세상을 상상하기 어렵다. 자본주의 사회를 객관적으로 분석하기 위해서는 시대를 뛰어넘고 역사를 관통하는 통찰이 필요하다.

알다시피 자본주의 사회에서는 개인의 재산과 경제 활동의 자유를 법과 제도로 강력하게 보호한다. 그 조치의 근거가 되는 중요한 개념이 바로 '소유권'이다. 그런데 소유권을 역사적으로 고찰해보면 불평등한 상황에 정당성을 부여하기 위해 사용되는 경우가 많았다. 노예제 사회에서 노예 주인은 노예에 대한 소유권을 법과 제도로 인정받았고, 소유권을 명분으로 노예를 '공정'하게 착취해 거대한 부를 축적했다. 누군가 타인의 노예를 맘대로 풀어준다면 노예 주인의 소유권을 침해하는 행위가 되었다.

봉건 사회에서는 토지에 대한 귀족들의 배타적 소유권을 법이나 제도 및 관습으로 인정하고 보호했다. 농노나 소작인은 귀족의 땅에서 농사를 지으며 수확물의 상당량을 바쳐야 했다. 그러한 귀족의 특권 역시 소유권에 의해 정당성을 부여받았으며 덕분에 농노나 소작인을 '공정'하게 착취해 거대한 부를 쌓았다. 남성 가부장은 여성과 자식을 자신의 의지대로 통제했는데 여성과 자식이 가부장의 소유물로 여겨졌기 때문이다.

자본주의에서도 기업에 대한 자본가의 배타적 소유권이 같은 역할을 한다. 실제로 상품을 생산하는 이는 노동자이지만 고작 생계를 유지할 수준의 임금만 제공되며 남은 몫은 소유권을 보유한 자본가에게 모조리 귀속된다. 이를 통해 자본가는 거대한 부를 축적한다.

노예 주인이 노예가 일한 것을 죄다 가져가고 농노가 열심히 농사지은 것을 영주가 가져가는 것과 도대체 무엇이 다른가. 요컨대 노예제 사회, 봉건 사회, 자본주의 사회 할 것 없이 지배 계급이 피지배 계급을 합법적으로 착취하기 위한 명분으로 활용된 게 바로 소유권이다. 소유권이란 본질적으로 가진 게 많은 사람을 공권력으로 지켜주겠다는 얘기를 고상하게 표현한 것이다. 뒤집어 얘기하면 가진 게 없는 사람은 지켜줄 것도 없다는 뜻 아닌가.

대한민국에서 공정 운운하는 이들은 자본주의라는 거대한 불공정 시스템에 대해서는 약속이나 한 듯 찬양일색이다. 반면 자본주의가 초래한 불평등을 완화하기 위해 도입된 (사회적 약자와 소수자를 위한) 할당제, 누진제 및 복지 정책은 불공정하다며 혹독한 비판과 비난을 퍼붓는다. 이렇게 공정마저 자신들의 것으로 소유하려는 저 기득권 세력의 탐욕에 그저 혀를 내두를 뿐이다. 나에게는 그들의 모습이 법도와 인륜 운운하며 신분제를 사수하려는 조선시대 양반들의 모습과 겹쳐 보인다. 부디 양반들을 위한 시간이 영원하지 않았다는 것을 기억하시라.

사회주의가 성장하고 있다는 명백한 증거

한국 시간 2022년 5월 15일(일) 오전 8시는 미국 워싱턴 시간으로 5월 14일(토) 저녁 7시였다. 코로나로 몇 년째 해외 여행은 언감생심인 데다가 특별한 외부 일정이 없으면 서울 금천구 독산동 집구석에서 한 발자국도 나가지 않는 은둔형 작가 나부랭이가 굳이 워싱턴 시간을 따져야 했던 이유는 뭘까? 상황은 약 한 달 전 4월 20일 오전 3시 26분에 받은 페이스북 메시지에서 시작됐다.

'안녕하세요, 작가님. 저는 미국 워싱턴 지역에 사는 아무개입니다. 시민 단체 모임에서 강연을 준비 중인데 작가님을 강사로 모시고 싶어서 메시지 드립니다. 연락처를 알려주시면 감사하겠습니다.'

메시지를 확인하고 답장으로 연락처를 보낸 시간은 오전 5시 54분이었다. 일찍 자고 일찍 일어나는 보기 드문 유형의 프리랜서 작가이기에 가능한 응답 시간인데, 곧바로 다음과 같은 메시지가 도착했다.

'감사합니다. 제가 한국 시간으로 이른 오전 시간에 전화를 드려도 될까요? 국제 전화 카드로 거는 거라 이상한 번호가 뜨더라도 받아주시면 되겠습니다.'

얼마간의 시간이 흐르고 미리 언질을 받지 않았다면 해

와 보이스피싱이라고 확신해 수신 거부했을 요란한 발신 번호가 떴다. 얘기를 나눠보니 자신은 한국에서 대학생 시절에 학생 운동을 했는데 그때 내 책도 읽고 강의도 여러 번 들으며 큰 인상을 받았다고 한다. 지금은 미국으로 이주해 살고 있으며 그곳에서 틈틈이 교민들과 시민 단체 활동을 하면서 정기적으로 독서 모임을 연다고 한다. 그 모임 참가자 대상으로 강의를 부탁한 것이다.

세계에서 가장 부유하고 강한 나라이자 자본주의 최첨단을 달리는 미국 또한 날이 갈수록 빈부 격차, 청년 실업, 환경 파괴 같은 문제가 심각해지고 있다. 그 문제의 원인이 이윤 추구를 위해서라면 다른 모든 것을 희생 제물로 삼는 자본주의 시스템의 모순과 결함에 있다는 자각이 점차 퍼지고 있다고 한다. 이런 때야말로 자본주의의 문제점을 과학적으로 파헤친 마르크스의 통찰이 필요하다는 것이다.

한국에서 뿌린 씨앗이 민들레 홀씨처럼 태평양을 건너 미국까지 날아가 뿌리를 내리는구나. 나훈아, 조용필이 비행기를 타고 미국으로 건너가 교민 대상으로 공연하듯이 나도 직접 현지를 방문해 강연하면 좋겠지만 코로나 사태 이후 급속도로 대중화된 ZOOM을 이용해 실시간 원격 강의로 진행한다고 했다. 아무렴 어떤가. 바다 건너 저 멀리에 사는 사람들이 일부러 내 얘기를 듣겠다고 랜선 너머로 불러주니 그저 고마울 뿐이지.

미국 워싱턴 시간으로 5월 14일(토) 저녁 7시에 잡힌 강의 시간에 맞추기 위해 15일 일요일 새벽에 일어나 집 컴퓨터의 인터넷 연결 상태, 카메라와 마이크의 작동 상태 등을 점검하고 시간에 맞춰 회의실에 접속했다. 바다 건너 원격 강의다 보니 간혹 연결이 불안하기도 했지만 큰 사고 없이 원활하게 진행됐다. 반응이 어땠는지 물어보니 뒤풀이 자리에서 술 마시며 마르크스에 대해 열띠게 토론했다며 마르크스주의 책을 읽는 독서 모임이 따로 생길 것 같다는 반가운 소식을 전해주었다.

이데올로기적 급진화의 조짐은 비단 미국뿐만 아니라 대한민국에서도 감지된다. 일단 내 활동 반경이 과거와는 비교할 수 없을 정도로 넓어졌다. 사회주의 성향의 작가로 활동을 시작할 무렵에는 우여곡절이 많았다. 당시 어떤 전교조 선생님이 학생들에게 내 강의를 들려주고 싶다며 초청 의사를 밝혔다. 강의 당일 학교에 갔더니 그 선생님이 결재 서류를 챙겨서 나를 데리고 교장실로 가는 것 아닌

가. 사전에 결재를 안 받은 것이다. 미리 올리면 허락받기 어렵다고 판단한 것 같다. 바로 직전에 강사와 함께 가면 교장도 차마 거부할 수 없을 거라 예상했겠지. 교장에게 민망할 정도로 꾸지람을 들으면서도 꿋꿋하게 서류를 내미는데 어떻게든 도와주고 싶어서 영업용 미소를 띠고 넉살 좋게 한마디 거들었다.

"강의 진~짜 유익하고 재밌어요. 교장 선생님도 한번 같이 들어보세요."

그랬던 게 엊그제 같은데 지금은 전국 여러 곳의 고등학교를 방문하며 예전보다 훨씬 급진적인 내용, 그러니까 아예 대놓고 마르크스의 《자본론》을 강의한다. 전교조 교사만 나를 초청하는 것도 아니다. 경제학 고전 명저를 배운다는 취지로 일반고, 외국어고, 영재학교, 대안학교 등 다양한 학교에서 강의했다. 눈치 보며 에둘러서 강의하는 것도 아니고, 자본가가 취득하는 이윤이 궁극적으로는 노동자에 대한 착취에서 발생한다는 핵심 내용을 정확하게 숫자로 풀어 설명한다. 자본주의 사회의 극심한 빈부 격차가 능력의 차이 때문이 아니라 기실 은폐된 착취 구조에서

비롯됨을 깨달은 학생들은 일순간 충격을 받는다. 교실 안에는 묘한 침묵과 긴장이 흐른다. 주류 경제학만 접한 학생들은 강의를 듣고 전례 없는 지적 자극, 관점 전환, 의식 확장을 경험한다. 반응이 좋으니 입소문이 나서 여기저기서 추가로 강의 요청이 오는 것은 덤이다.

《자본주의 할래? 사회주의 할래?》를 출간한 이후로는 고등학교에서 자본주의 체제와 사회주의 체제를 비교하는 강의도 종종 한다. 제목에서도 유추할 수 있듯이 자본주의를 주장하는 나소유와 사회주의를 주장하는 오평등이 팽팽하게 상호 토론하는 방식으로 서술했다. 결론을 도출하지 않고 서로의 주장을 선명하게 대립시킴으로써 독자가 스스로 판단할 수 있도록 기획한 것이다.

물론 나는 의심할 바 없이 명백한 사회주의자이지만 주입식 교육의 폐해에 가슴 깊은 곳에서 문제 의식과 거부감을 가진 입장에서 저들의 방식을 답습하고 싶지 않았다. 원래 출판사는 사회주의에 대한 청소년 교양서를 써달라고 했다. 하지만 오히려 내가 자본주의와 사회주의를 동등한 비중으로 다루자고 역제안했다. 심지어 담당 편집자가 초고를 읽고는 나소유의 의견이 다소 우세하게 느껴진다며 우려를 표명할 정도로 치열하게 자기 검열을 했다.

가혹할 정도로 기어를 중립에 박은 이유는 그것이 청소년 독자에게 취해야 할 저자로서의 올바른 태도라고 생각했기 때문이다. 아무리 내가 사회주의 사상이 올바르다고 확신하더라도 그것을 남에게 강요하거나 억지로 주입하고 싶지는 않다. 그럴 권리도 없고 말이다. 게다가 양쪽의 의견을 있는 그대로 설명하고 어느 쪽 편도 들지 않는 태도가 독자에게 더욱 큰 신뢰를 주지 않겠는가. 왜곡 없이 성실하게 전달하고 판단은 스스로가 고민하도록 하는 게 바람직하다고 생각한다. 강의할 때도 이러한 태도를 견지하니 학생들이 내가 자본주의 편인지 사회주의 편인지 알쏭달쏭하다며 어느 편이냐고 물을 정도다.

그렇다면 자본주의와 사회주의에 대한 학생들의 반응은 어떨까? 2022년 7월에 인천의 한 고등학교에서 이 책을 주제 도서로 강의했다. 사실 강의라기보다는 질의 응답이 이어지는 '저자와의 만남' 성격이 강했는데 참여하는 학생들이 책을 미리 완독하고 사전에 토론까지 마쳤기 때문이다. 내용에 대한 이해도가 매우 높았고 준비가 잘 되어 있었다.

강당을 좌우로 나눠서 한쪽은 자본주의 지지, 다른 쪽은 사회주의 지지로 갈라 앉았다. 놀랍게도 사회주의 지지와 자본주의 지지가 거의 동수였으며 솔직히 말하자면 사회주의 쪽이 살짝 더 많았다. 진행 편의를 위해서 양쪽 비슷하게 강제 배정된 것이냐고 물어봤는데 책을 읽은 후 자신의 선호도대로 선택한 결과라는 답변이 돌아왔다. 흥미로운 점은 책을 읽지 않고 행사를 단순히 방청만 한 학생들은 모두 자본주의 지지 쪽에 앉았다는 점이다. 책을 통해 자본주의와 사회주의에 관한 왜곡 없는 정보를 접한 후 일어나는 학생들의 의식 변화 추이를 엿볼 수 있었다. 요즘 청소년들은 확실히 예전에 비해 사회주의에 대한 편견이 적다. 분단 구조로 인한 사상적 왜곡의 압력이 시나브로 약해지고 있다는 증거라 하겠다.

대학, 고등학교, 노동 조합, 사회 단체, 도서관, 그 어떤 곳이든 마르크스주의와 사회주의를 대중에게 전할 기회가 있다는 것만으로도 감사할 따름이다. 이 접촉면을 넓히기 위해서라면 얼마든지 유연해질 준비가 되어 있다. 이유는 하나다. 사회주의가 우리 사회에서 더 많은 공감대를 얻을수록 개인이 행복해지고 사회가 진보할 것이라 믿기 때문이다.

중남미에서 불어오는 혁명의 바람

쿠바, 베네수엘라, 니카라과, 브라질, 아르헨티나, 콜롬비아, 멕시코, 페루, 칠레, 볼리비아를 빨간색으로 칠하면 중남미 대륙 대부분이 붉게 물든다. 왜 하필 빨간색이냐고? 앞서 언급한 나라들은 2023년 현재 좌파가 집권하고 있기 때문이다. 그야말로 붉은 대륙이라 할 만하다.

미국의 영향력이 강한 중남미에서는 한때 '작은 정부'로 대표되는 미국식 신자유주의를 적극적으로 받아들였다. 공격적인 감세 정책과 복지 재정 감축으로 정부의 기능을 축소하고 규제를 풀어 민간 기업에 무제한의 자유를 주었는데, 이러한 조치는 소수 자본가의 이익에는 부합했으나 다수 대중에게는 재앙과도 같아서 엄청난 빈부 격차와 실업자를 양산했다. 그 후폭풍이 중남미의 연이은 좌파 집권으로 이어진 것이다.

좌파 도미노의 첫 주자는 베네수엘라였다. 1989년에 극심한 빈부 격차와 생활고에 분노한 시민들이 수도 카라카스를 중심으로 봉기했고 정부는 군대를 동원해 수천 명을 학살했다. 이 사건을 계기로 기존의 보수 양당은 민심을 잃고 1998년 대선에서 좌파 세력의 약진으로 우고 차베스가 대통령에 당선했다. 이후 브라질의 노동운동가 룰라, 볼리비아의 사회운동가 에보 모랄레스, 에콰도르의 좌파 경제학자 라파엘 코레아, 니카라과의 좌파 게릴라 다니엘 오르테가, 칠레의 사회운동가 가브리엘 보리치 등이 줄줄이 대통령에 당선되더니 지난 2022년에는 친미 우파 최후의 보루로 여겨졌던 콜롬비아에서조차 좌파 게릴라 출신 구스타보 페트로가 당선되었다.

중남미의 연이은 좌파 정부의 탄생은 극심한 빈부 격차와 불평등을 극복하고 새로운 사회를 건설하려는 대중의 염원이 정치적으로 표출된 결과다. 혹자는 대통령 한 명이 바뀌었다고 해서 무슨 큰 변화가 가능하겠냐고 의구심을 가질지도 모르겠다. 행정부, 입법부, 사법부에 포진한 기득권 엘리트들이 대통령의 말을 순순히 따르겠냐, 이 말이다. 중남미 좌파 바람이 단순히 대통령 교체에만 그쳤다면 그 지적은 타당할 수도 있다. 하지만 중남미의 정치적 급진화를 찻잔 속의 태풍 정도로 가볍게 여길 수 없는 이유가 있는데 바로 '제헌의회' 때문이다. 특히 베네수엘라, 볼리비아, 에콰도르, 칠레에서는 대통령 선거에서 좌파가 제헌의회 소집을 공약으로 내걸었고, 이것이 정부 내 기득권세력을 일소하고 근본적인 변화를 가능하게 하는 기막힌 묘수로 작용하고 있다. 과연 어떻게?

제헌의회制憲議會는 뜻 그대로 헌법을 제정하는 역할을 하는 의회다. 아니, 그러면 베네수엘라, 볼리비아, 에콰도르, 칠레는 그동안 헌법이 없었다는 말인가? 아니다. 헌법이 있다. 그렇다면 헌법을 고치는 '개헌改憲'을 잘못 말한 것 아닌가? 아니다. 개헌이 아니라 제헌이 맞다. 제헌의회를 소집한다는 것은 현행 헌법을 폐기하고 헌법을 새로 만든다는 의미다. 어떻게 낡고 썩은 기득권 정치 세력을 쓰레기통에 분리수거할 수 있는지 구체적 방법을 알아보자.

예를 들어서 사회주의자인 내가 대한민국의 대통령 선거에 출마했다고 가정하자. 나는 최우선 공약으로 제헌의회 소집을 내건다. 현행 헌법을 폐기하고 새로운 헌법을 만들겠다는 약속을 하는 것이다. 헌법을 폐기해? 누가 무슨 권한으로? 당연히 국민의 권한이다. 현행 헌법 역시 국민의 승인으로 그 효력이 발생한 것 아니겠는가. 그러니 새로운 헌법을 제정할 제헌의회 소집 여부도 국민투표로 물으면 된다.

대통령에 당선되면 제헌의회 소집을 위해 곧바로 국민투표를 실시한다. 해당 공약을 내걸고 국민의 지지를 받아 이제 막 대통령에 당선됐으니 분위기상 투표가 가결될 것이다. 국민의 명령을 받들어 제헌의회를 구성할 의원을 선출하는 전국 선거를 치른다. 새로운 헌법 제정을 강력하게 지지하는 여론에 힘입어 진보 성향의 인물이 제헌의회에서 다수를 점한다.

자! 이제 진보적 상상력을 동원해 완전히 새로운 헌법을 만들 수 있다. 무상 의료, 무상 교육, 공공 주택 확대, 국민의 기본적인 삶 보장, 차별금지법, 노동자 착취 금지와 경영 참여 보장, 협동조합 기업의 활성화 등 다수 국민의 행복한 삶을 보장하는 다양한 제도를 도입한다. 국가 체계도 꼭 행정부, 입법부, 사법부의 3부 체계일 필요가 없다. 직접 민주주의를 강화하는 새로운 국가 기구를 만들 수도 있다. 만약 이런 사안을 그때마다 개헌으로 풀어내려 한다면 사사건건 정쟁이 되어 추진하기 어려울 것이다. 새 술은 새 부대에 담듯이 새로운 사회는 새로운 헌법을 필요로 하는 것 아니겠나. 그래서 개헌이 아닌 제헌이다.

제헌의회를 통해 만들어진 새로운 헌법을 국민 투표에 부친다. 투표에서 가결되면 드디어 기존 헌법은 폐기되고 새 헌법이 발효되는데, 여기서 매우 극적인 변화가 일어난다. 기존의 행정부, 입법부, 사법부가 공중분해되는 것이다. 국회의원들도 배지 떼고, 판검사들도 법복을 벗고, 얼마 전에 대통령으로 선출된 나도 더 이상 대통령이 아니다. 국회의원을 국회의원으로, 판검사를 판검사로, 대통령을 대통령으로 인정하는 근거(기존 헌법)가 폐기됐기 때문이다. 이 과정에서 낡고 썩은 기득권 엘리트층은 국가기구에서 일소된다.

이제 새 헌법에 근거해 대통령 선거, 국회의원 선거, 지방 선거 등을 일괄적으로 다시 실시한다. 이 정도로 분위기가 무르익었다면 진보 세력이 모든 선거에서 압승할 것임은 명백하다. 새롭게 국민의 대표가 된 사람들은 새로운 헌법에 근거해 행정부, 입법부, 사법부 등의 주요 권력 기관을 환골탈태 수준으로 재편한다. 우리는 이러한 급진적 변화를 무엇이라고 부를 수 있을까? 바로 '혁명'이다.

베네수엘라에서 일어난 혁명적 변화를 연구해《차베스, 미국과 맞짱뜨다》를 출간한 가장 큰 이유도 바로 제헌의회에 주목했기 때문이다. 선거 공간을 혁명 공간으로 전변시키는 놀라운 마법을 최초로 시도한 곳이 바로 베네수엘라이며, 그 변화의 중심 인물은 혁명가 우고 차베스다. 차베스가 대선에서 제헌의회 소집을 공약으로 내건 것은 1970년 칠레 대통령에 당선된 사회주의자 살바도르 아옌데의 실패를 교훈 삼았기 때문이다. 당시 칠레 의회는 보수 양당이 과반 의석을 차지하고 있어 아옌데가 이끄는 행정부에서 제출한 개혁 법안을 모조리 부결시켰으며 아옌데가 임명한 장관을 남김없이 탄핵했다. 아옌데 정부는 보수 양당이 장악한 의회에 발목 잡혀 어려움을 겪다가 피노체트의 쿠데타에 의해 무너졌다.

1999년 차베스의 대통령 취임 당시 베네수엘라 의회 또한 보수 양당이 의석 대다수를 차지하고 있었다. 사법부의 성향 또한 대동소이했다. 제헌의회를 소집해 새 헌법을 만들어 국가 기구를 전면적으로 재구성하지 않았다면 1970년의 아옌데처럼 될 가능성이 높았다. 차베스는 취임하자마자 곧바로 제헌의회 소집에 들어간다. 선거에서 압승해 131명 대부분이 진보 인사로 구성된 제헌의회가 새 헌법을 제정한 후 국가 기구를 완전히 물갈이해 사회주의 개혁을 추진할 동력을 마련할 수 있었다.

베네수엘라에서 시작된 제헌의회의 바람은 볼리비아, 에콰도르, 칠레로 옮겨 붙었다. 중남미 좌파 정권 중에서도 상대적으로 사회주의적 지향이 더 강한 곳을 중심으로 제헌의회 소집 운동이 일어났다. 물론 추진 과정이 순탄

하지만은 않았다. 미국의 개입과 국내 기득권층의 집요한 방해가 계속됐다. 베네수엘라, 볼리비아, 에콰도르에서는 대통령이 쿠데타에 의해 목숨을 잃을 뻔했다. 칠레에서는 새 헌법안이 국민 다수의 공감대를 얻는 데 실패해 부결되기도 했다. 특히 베네수엘라는 중남미 좌파 물결의 원흉(?)으로 미국에 찍혀 경제 봉쇄, 군사적 위협, 미디어에 의한 악마화 공세에 시달리고 있다.

나라마다 좌파 정권에 대한 지지도가 다르다 보니 간혹 선거에 패배해 우파가 다시 집권하기도 한다. 하지만 큰 틀에서 보면 2000년대 이후 중남미 국가들의 정치적 급진화는 계속되고 있음이 분명하다. 미국의 개입을 차단하고 자주적인 중남미를 만들기 위해 결성된 중남미·카리브 국가공동체의 행보도 주목할 부분이다.

사회주의자로서 나라 안에만 시선이 머문다면 철옹성 같은 보수 양당 지배 체제에 질려 회의와 좌절에 빠지기 쉽다. 하지만 나라 밖으로 눈을 돌리면 양당 체제를 넘어서 대안을 만들어가는 중남미 사회주의자들의 활화산 같은 활동에 기대와 희망을 품게 된다. 언젠가 도래할 결정적 시기를 준비하는 사람으로서, 중남미에서 불고 있는 제헌의회 바람은 주목하고 연구해야 할 사례임이 분명하다.

인류 최초의 사회주의자, 예수

소싯적 아무것도 모르고 부모를 따라 교회에 다녔지만 초중고 및 대학교를 거치며 접한 과학의 영향으로 시나브로 종교와 거리를 두게 되었다. 그리고 사회주의자가 된 이후로 신념 체계로서의 종교와는 완전히 결별했다. 하지만 인간이 공동체 생활을 영위하는 데 있어서 모종의 기능과 역할을 하는 사회 현상이기에 여전히 관심이 많다. 과학이 이만큼 발전했음에도 불구하고 종교는 여전히 인간 사회에 무시할 수 없는 영향력을 행사하고 있다. 인간이라는 존재와 그것을 둘러싼 세상일에 조금이라도 관심이 있는 사람이라면 종교를 도외시할 수는 없을 것이다.

유물론자에 사회주의자이지만 성경 속 예수의 말과 행동이 불현듯 떠오를 때가 있다. 어린 시절 꼬박꼬박 예배에 참석하고 성경을 읽었던 습관 때문일 텐데 아이러니하게도 그렇게 떠오른 예수의 한마디 한마디가 무신론자인 나에게 제법 위로와 힘이 된다.

예를 들어서 마태복음 4장 4절에는 "사람이 빵으로만 사는 것이 아니라 하느님의 입에서 나오는 모든 말씀으로 살리라"라는 구절이 나온다. 광야에서 40일 동안 단식하며 깊은 사색에 잠긴 예수를 방해하기 위해 악마가 눈앞의

돌을 빵으로 만들어 먹으라고 꼬드겼는데 예수가 일갈하며 한 말이다. 선각자는 단순히 본능적인 욕구를 해소하기 위해 사는 게 아니라 이상과 가치를 실현하기 위해 산다는 의미일 것이다.

자신이 누리는 물질적 풍요로움으로 존재감을 드러내는 극단의 자본주의 시대. 투철한 유물론자이지만 아이로니컬하게도 정신 승리로 버텨내야 하는 사회주의자에게 '사람은 빵이 아니라 하느님의 말씀으로 산다'는 예수의 준엄한 한마디가 원정 경기 응원가처럼 그렇게 반가울 수 없다. 그러고 보니 언제 뿌듯함과 보람을 느꼈는지 떠올려 보면 본능적인 욕구를 근사하게 해소한 순간보다는 이상과 가치관을 공유하는 이들의 입에서 나오는 '말씀'을 들었을 때였다. 예를 들자면 이런 순간 말이다.

모 진보 단체 청년 활동가가 중학교 시절 학교 도서관에 꽂혀 있던 내 책을 우연히 읽고 이 삶을 선택하게 됐다고 말했을 때, 인터넷 서점이나 개인 블로그에서 내 책이 세상을 이해하는 데에 큰 도움이 됐다는 리뷰를 발견했을 때, 강의를 들은 노동자들이 뒤풀이 자리에서 내용이 너무 좋았다며 불콰한 얼굴로 '노동 해방을 위하여'라고 건배사를 날릴 때.

어떤 고명한 종교 지도자가 인내천人乃天, 사람이 곧 하느님이라 했으니 이것을 예수의 가르침과 결합하면 다음과 같은 해석이 도출된다. 사람은 빵으로만 사는 게 아니라, 사람(하느님)의 입에서 나오는 말씀으로 산다. 제법 그럴싸하지 않은가?

사실 성서에 등장하는 예수의 말씀을 살펴보면 부자와 기득권층에 대한 날 선 비판과 가난하고 억압받는 이들에 대한 무한한 애정이 여실히 드러나는데, 현대 사회주의자들의 발언 내용과 놀라울 정도의 싱크로율을 보여준다. 다음의 성경 구절처럼 말이다.

> 예수께서는 제자들에게 이렇게 말씀하셨다. "나는 분명히 말한다. 부자는 하늘 나라에 들어가기가 어렵다. 거듭 말하지만 부자가 하느님 나라에 들어가는 것보다는 낙타가 바늘귀로 빠져 나가는 것이 더 쉬울 것이다."
>
> — 마태복음 19장 23~24절

> "주님의 성령이 나에게 내리셨다. 주께서 나에게 기름을 부으시어 가난한 이들에게 복음을 전하게 하셨다. 주께서 나를 보

내시어 묶인 사람들에게는 해방을 알려주고 눈먼 사람들은 보게 하고, 억눌린 사람들에게는 자유를 주며 주님의 은총의 해를 선포하게 하셨다."

— 누가복음 4장 18~19절

오늘날 이러한 얘기를 하고 돌아다니면 사회 불안을 조장하는 사회주의자라고 보수 언론과 기독교계에 의해 낙인이 찍힐 것이다. 그런데 매주 일요일이면 전국 방방곡곡에 빼곡히 들어선 교회에서 수많은 사람이 이런 내용이 담긴 책을 지참하고 경건한 마음으로 예배를 드린다. 심지어는 해당 내용을 읽으며 신심을 담아 '아멘(그렇게 될지어다)'이라고 되뇌기까지 한다. 참으로 놀랍고 당혹스러운 장면이다.

예수는 말로만 그치는 샌님이 아니었다. 필요하다면 실력 행사도 서슴지 않는 행동파였다. 예수의 그러한 면모가 잘 드러난 구절이 마태복음에 나오는데 근엄한 성직자 같은 모습만 상상한 이들에게는 충격과 공포 그 자체다.

예수께서는 성전 뜰 안으로 들어가 거기에서 팔고 사고 하는

> 사람들을 다 쫓아내시고 환금상들의 탁자와 비둘기 장수들의 의자를 둘러엎으셨다. 그리고 그들에게 "성서에 '내 집은 기도하는 집이라고 불리리라' 했는데 너희는 이 집을 '강도의 소굴'로 만들었다" 하고 나무라셨다. 그 때 예수께서는 성전 뜰 안에 있던 소경들과 절름발이들이 앞으로 나오자 그들을 모두 고쳐주셨다.
>
> — 마태복음 21장 12~14절

부자는 천국에 가는 게 거의 불가능하다고 하고, 성도들의 신앙심을 돈벌이 기회로 삼는 이들의 좌판을 박살내고, 가장 어렵고 홀대받는 이들을 위해 자신의 능력을 사용하니 당대의 기득권층은 예수의 불온한 행실을 못마땅하게 여겼다. 지금으로 치자면 완전 골수 사회주의자 아닌가. 예수는 결국 기득권층에 의해 모함당해 십자가에 매달려 죽임을 당한다.

세상에서 가장 많이 팔린 책이 성경이고, 교회에서는 예수를 닮아야 한다고 내내 목소리를 높이는데 기독교도들이 예수의 이러한 면모를 과연 제대로 알고 있는지 궁금할 뿐이다.

예수뿐만이 아니라 그를 따르는 제자들의 행적도 만만치 않다. 사도행전을 보면 예수의 뜻을 이어받은 신도들의 삶이 다음과 같이 서술되어 있다.

> 그 많은 신도들이 다 한마음 한 뜻이 되어 아무도 자기 소유를 자기 것이라고 하지 않고 모든 것을 공동으로 사용하였다. 사도들은 놀라운 기적을 나타내며 주 예수의 부활을 증언하였고 신도들은 모두 하느님의 크신 축복을 받았다. 그들 가운데 가난한 사람은 하나도 없었다. 땅이나 집을 가진 사람들이 그것을 팔아서 그 돈을 사도들 앞에 가져다 놓고 저마다 쓸 만큼 나누어 받았기 때문이다.
>
> — 사도행전 4장 32~35절

초대교회의 모습을 보면 여지없이 사회주의 공동체다. 심지어 이러한 공동체의 규율을 어긴 신도에게 엄격한 제재가 가해진 일화가 사도행전 5장에 소개된다.

초대교회의 신도인 아나니아와 삽피라 부부는 신앙공동체에 가입하기 위해 재산을 처분했지만 아깝게 여겨 일부를 숨기고 나머지만 교회에 헌납했다. 그 사실을 눈치챈 베드로가 추궁했고, 베드로의 말이 끝나자마자 그 자리에서 부부는 초자연적 현상에 의해 쓰려져 사망한다. 그 소문을 들은 사람들은 모두 큰 두려움에 사로잡혔다고 한다. 물론 실제로 이런 일이 있었는지 알 수는 없지만 무시무시한 일화를 일부러 남겨놓을 만큼 중요한 규율이었음을 짐작할 수 있다. 과연 인류 최초의 사회주의자라고 평가받는 예수의 제자들답다.

이렇듯 사회주의 성향이 강했던 예수와 그의 제자들이 구체적으로 어떤 사회를 추구했는지 엿볼 수 있는 이야기가 마태복음 20장에도 등장한다.

예수는 하늘 나라에 대해 설명하며 포도원 이야기를 들려준다. 그곳에는 아침 9시부터 일한 사람, 12시부터 일한 사람, 오후 3시쯤부터 일한 사람, 뒤늦게 오후 5시쯤 합류해 일한 사람 등 다양한 일꾼들이 섞여 있다. 하지만 포도원의 주인은 모두에게 한 데나리온이라는 동일한 품삯을 지급한다. 아침부터 일찍 나와 일한 사람들이 왜 조금 일한 사람들과 품삯이 같냐고 투덜대며 품삯을 더 많이 받으려 했지만, 포도원 주인은 애초에 그렇게 나누기로 약속하지 않았느냐며 이것은 자신의 원칙이라고 단호하게 잘라 말한다. 우리는 이 비유를 통해 공동체(포도원) 구성원

누구에게나 학벌, 능력, 성별, 장애 유무로 인한 차등 없이 생계 유지가 가능하도록 보편적으로 제공되는 복지 시스템을 읽어낼 수 있다. 그리고 이런 시스템을 적어도 자본주의라고 부르지는 않는다.

밤거리를 무심코 걷다 보면 전등불이 들어온 십자가가 곳곳에 보인다. 만약 저 교회들이 예수와 그 제자들의 유지를 받들어 활동한다면 대한민국은 그야말로 엄청난 정치적 진보성을 보여줄 수 있을 텐데. 오히려 기독교계에서 가장 목소리를 높여 사회주의자에게 비난과 저주를 퍼붓고 있으니 과연 예수와 그 제자들이 21세기 대한민국 교회의 모습을 본다면 어떻게 생각할까? 오히려 예배당이 아닌 좌파 정당과 진보적 노동 단체 및 사회 단체에게 동질감을 느끼지 않을까 싶어 쓴웃음이 지어질 뿐이다.

카르페 디엠을 관철하는 삶

좋아하는 민중 가요 중에 '누가 나에게 이 길을 가라 하지 않았네'라는 노래가 있다. 요즘 정서에는 다소 생경한 가사지만 서정적인 멜로디가 인상적이다.

누가 나에게 이 길을 가라 하지 않았네
내게 투쟁의 이 길로 가라 하지 않았네
그러나 한 걸음 또 한 걸음
어느새 적들의 목전에
눈물 고개 넘어
노동자의 길 걸어
한 걸음씩 딛고 왔을 뿐
누가 나에게 이 길을 일러주지 않았네
사슬 끊고 흘러 넘칠 노동 해방 이 길을

내 경우 꼬드긴 사람 없이 스스로 사회주의자의 삶을 선택했다 보니 제목이나 가사가 좀 더 와닿는 구석이 있다. 요즘에는 어떤지 모르겠지만 30년 전 대학생이 사회주의자가 되는 경로는 대체로 다음과 같았다.

선배의 권유로 멋모르고 운동권 학회나 동아리에 가입해 사회 과학 도서를 읽고 토론하며 의식에 변화가 일어난다. 선배와 함께 집회에 참여하고 투쟁 현장에 연대하며 자본주의 사회의 모순과 이로 인한 차별과 불평등을 목격한다. 나는 무엇을 위해 살 것인가, 가치 있는 삶이란 무엇인가를 진지하게 고민하는 과정에서 사회주의자로의 결의를 세운다.

하지만 주변에 운동권 선배도 없고 학회나 동아리에 가입한 적도 없는 천연 공대생이었던 나는 어쩌다가 책을 잘못(?) 읽어 자생적 사회주의자가 되었다. 사고 회로가 공대생답게 참으로 단순하고 우직한 구석이 있어서 사회주의가 정의롭고 올바른 길이라는 판단이 서니 뭔가 작은 실천이라도 해야겠다는 마음이 자연스럽게 들었다. 그러고 보니 아내는 공대 출신인 나랑 결혼해 살면서 무척 편하다고 한다. 내 사고 체계가 단순 명쾌해서 속마음이 투명할 정도로 들여다보이기 때문이라는데, 내 생각을 이해하려고 굳이 머리를 굴리지 않아도 된다는 의미겠지. 어쨌든 나는 딱 그런 종류의 사람이다.

사회주의자로서도 역시 단순하고 투명한 사람다운 일차원적 실천에 나섰다. 나 자신이 《자본론》을 읽고 변화했으니 다른 사람들에게도 읽히자! 그렇게 해서 여러 차례

학습 모임을 꾸려 사람들과 함께 공부했다. 민주노동당에 가입해서 진보 정치 활동도 열심히 했다. 대학 전공과는 점차 멀어지고 다니던 직장도 그만두고서는 어느새 사회주의 성향의 글을 쓰는 전업 작가가 되었다. 직접 책을 써서 다른 사람의 의식에 영향을 주고 변화를 일으키고 싶은 게지. 누가 시키지도 않았는데, 진정 걷잡을 수 없는 노빠꾸 인생이다.

이런 내 인생 이력을 접한 사람의 반응은 대개 둘로 나뉜다. 경제적으로나 사회적으로 안정된 삶을 마다하고 대의를 위해 쉽지 않은 선택을 한 용기와 결단을 높게 평가하기도 하고 또는 비현실적인 이상론에 심취해 삶이 불안정해지는 어리석은 결정을 했다고 혀를 차기도 한다. 내가 보기에는 두 의견 모두 동일한 오류를 범하고 있다. 마치 내가 고난을 감내하면서 '대의' 혹은 '허상'을 위해 헌신한다고 여기는 것이다. 사실과 전혀 다르다. 나는 오히려 '지금 당장 행복해지기 위해서' 사회주의자의 길을 택했다.

젊은 시절에 꼬박꼬박 월급이 들어오는 직장인 생활을 5년 가량 했다. 그 생활을 지속했다면 지금보다 경제적으로는 훨씬 풍요로울 텐데 왜 그만뒀을까? 학력 고사에서 상당히 좋은 성적을 받아 소위 남들이 부러워하는 명문대 인기 학과에 진학했지만 막상 공부해보니 전공이 적성에 맞지도 않고 재미도 없었다. 입학한 게 아까우니 꾸역꾸역 대학원에 진학해 석사 학위를 딴 후 그 관성으로 직장 생활도 했지만 내내 행복하지도 않았고 보람도 느낄 수 없었다. 어느 정도였냐면 당시 하루 중 가장 기다려지는 시간이 깊이 잠들어 꿈꾸는 시간일 정도였다.

숨쉬기 답답할 정도로 습기가 들어찬 사우나에서 더 이상 견디기 어렵다고 느껴지는 극한의 순간, 문을 열고 뛰쳐나가 청량한 바깥공기를 흠뻑 들이켜본 적 있는가? 내가 직장을 그만두고 사회주의자 정체성을 드러낸 순간이 딱 그러했다. 드디어 폐부 깊숙한 곳까지 마음껏 숨을 쉴 수 있게 되었으니 공기를 들여 마시는 순간마다 진정 살아 있음을 느꼈다.

이게 어떻게 희생이고 헌신일 수 있을까? 지금 당장 행복해지려는, 전적으로 카르페 디엠에 충실한 선택이었다. 더 넓은 집에 살고, 더 맛있는 음식을 먹고, 더 멋진 옷을 입었을 때 예상되는 행복보다 내가 가치 있고 소중하다고 믿는 사상과 세계관을 사람들에게 알렸을 때 얻는 행복이 더 월등했기에 나는 삶의 전환에 망설임이 없었다.

호주의 브로니 웨어라는 사람은 호스피스 간호사로 오랫동안 일하면서 사람들이 생의 마지막 순간에 비슷한 후회를 한다는 걸 깨달았다고 한다. 그녀는 죽어가는 사람이 가장 많이 하는 후회 다섯 가지를 다음과 같이 정리했다.

1. 다른 사람이 아닌, 내가 원하는 삶을 살았더라면
2. 내가 그렇게 열심히 일하지 않았더라면
3. 내 감정을 표현할 용기가 있었더라면
4. 친구들과 계속 연락하고 지냈더라면
5. 나 자신에게 더 많은 행복을 허락했더라면

그중에서도 가장 많이 하는 후회는 '다른 사람이 아닌, 내가 원하는 삶을 살았더라면'이다. 통장 잔액을 더 늘리지 못한 것, 수영장 딸린 저택에서 살아보지 못한 것, 명문대학에 입학하지 못한 걸 후회하는 게 아니라 원하는 삶을 살아보지 못한 채 세월이 지나가 버린 것을 후회한다. 최악의 경우 타인의 시선과 평가에만 연연하다가 자기 내면의 목소리를 놓쳐 결국 자신이 무엇을 원하는지조차 알지 못한 채 삶을 마감하기도 한다.

그런 의미에서 나는 참으로 행복한 사람이다. 좋아하고 보람을 느끼는 일을 발견했고, 그 일을 하면서 (부자가 될 수는 없겠지만) 운 좋게 그럭저럭 생계도 해결되고, 내가 하는 일이 (적어도 내 생각에는) 차별 없고 평등한 세상을 만드는 데에 조금이나마 보탬이 되니 말이다. 아무래도 마지막 순간에 후회가 적을 것 아니겠는가. 오히려 자신이 대의를 위해 헌신하고 희생한다는 인식이 강해질수록 그에 비례해 욕구 불만과 보상 심리가 커져 마음속에 괴물 한 마리를 키우게 된다. 이것이 자칫 소영웅주의나 지나친 권력욕과 조급함, 최악의 경우는 변절의 형태로 모습을 드러내는 경우가 있다.

매일 아침에 내 이름이나 책 제목으로 인터넷 검색을 한다. 그러다가 정성이 담긴 독자 후기를 발견하면 그렇게 기분이 좋을 수 없다. 공감하고 동조하는 사람이 늘어났다는 증거이니까. 노동 조합이나 사회 단체에 초청되어 강의할 때 진지한 얼굴로 경청하는 청중의 눈빛을 보면 그렇게 힘이 날 수가 없다.

이렇듯 활동 자체에서 행복과 보상을 얻으니 욕구 불만의 포로가 되거나 보상 심리의 덫에 걸릴 일이 없다. 이

것이야말로 사회주의자의 진정한 카르페 디엠이요, 덕업일치 아니겠는가. 만약 내가 행복해지기를 주저하고 두려워했다면 어땠을까 생각하니, 모골이 송연해진다. 그러니 나는 아마 앞으로도 행복한 사람, 행복한 사회주의자로 생을 이어갈 것이다. 현재 이 순간에 충실하며.

나가는 글

작가란 간절하게 하고 싶은 얘기가 있어서 그것을 책으로 써내는 사람이다. 그러니 내 얘기를 들어주는 사람이 있다는 것만큼 반가운 일이 또 어디 있겠는가. 하늘의 별처럼 많고 많은 책 중에 굳이 이 책을 선택해서 읽어주신 독자분들께 진심으로 감사하다. 마음 같아서는 한 분 한 분 직접 만나 술잔이라도 기울이며 이 고마움을 전하고 싶다.

나이가 들수록 따뜻한 인연 하나하나가 참으로 소중하다는 생각이 든다. 나 같은 사회주의자 작가에게 잘해준다는 건 순수한 호의 외에 다른 해석의 여지가 없기 때문이다. 그런 의미에서 이 책의 출간은 전적으로 수오서재 출판사 임직원분들의 호의에 빚지고 있다. 그들의 호의가 아니었다면 이런 책이 세상에 모습을 드러내기 어려웠을 것이다. 그 이유는 내가 굳이 얘기하지 않아도 모두가 알리라 생각한다.

마지막으로 하나만 더 얘기하고 싶다. 착취당하고 차별받는 사람이 없는 평등한 세상을 만들기 위해 모든 걸 바치며 헌신하는 무명의 활동가들을 많이 알고 있다. 하지만 언론과 방송은 절대 이들 위에 조명을 비춰주지 않는다. 오히려 기득권층과 결탁해 종북이니 간첩이니 빨갱이니 하며 마녀사냥하기에 급급하다. 함께 잘살자고 주장하는 사람들이 자기 잇속만 챙기는 이들에게 탄압받고 매도당하는 현실이 참으로 가슴 아프다. 이 책이 그런 부조리한 현실을 바꾸는 데에 조금이나마 보탬이 되기만을 간절히 바라본다.

사회주의자로 산다는 것

1판 1쇄 발행 2023년 6월 10일
1판 4쇄 발행 2024년 12월 30일

지은이	임승수
발행처	수오서재
발행인	황은희, 장건태
책임편집	최민화
편집	마선영, 박세연
마케팅	황혜란, 안혜인
디자인	피포엘
제작	제이오
주소	경기도 파주시 돌곶이길 170-2 (10883)
등록	2018년 10월 4일(제406-2018-000114호)
전화	031)955-9790
팩스	031)946-9796
전자우편	info@suobooks.com
홈페이지	www.suobooks.com
ISBN	979-11-982196-4-0 03300 책값은 뒤표지에 있습니다.